# 不老不死

仙人の誕生と神仙術



志学社選書

003

# まえがき

中国古代の死生観はつぎのように考えてよいとおもわれる。人が死ぬと「魂魄《こんぱく》（精神と肉体）」が分離し、「魂（精神）」は別の世界にゆき「鬼《き》」となる。この別の世界がいわゆる「死後の世界」である。古代の「死」は唯物論的な「死」ではない。矛盾したいいかたとなるが、死んでも「魂（精神）」は生きている。「死」はあの世への通過点にすぎない。その意味で実際に死ぬのは「肉体」である。

「不老不死」の仙人というのは、この死んで朽《く》ちはてるべき運命にある「肉体」を死なないようにしたもの、であるといえる。古代では「生の世界（人の世界）」と「死の世界（鬼の世界）」がきれいに二つにわかれていた。この二つの世界のなかに割りこむかたちで、「不死の肉体」をもつ仙人が登場するようになる。

これには、儒教のもつ世界観の影響もあるだろう。儒者は葬礼にたずさわり、儒教の経典には葬喪のさいの礼法について、じつにこまかく書かれている。けれども、かれらは「死後の世界」についてはロをとざして語らなかった。それは儒教の祖である孔子が、

まだ「生」についてもよくわからないのに、どうして「死」のことがわかろうか。

とのべたことを、謹直《きんちょく》にまもったことによる。

「死についてはよくわからない」とこたえた孔子は、誠実で正直な知識人であった。だが、その一言によって、かれは宗教的な教祖となる道をうしない、哲学者となった。

宗教としてみれば、儒教はあきらかに不完全燃焼をおこしている。祖霊崇拝をもととしながら、「死後の世界」については口をとざす、という矛盾をふくんでいるからである。

儒教によって「死後の世界」の存在は、あやふやなものとなってしまった。その間隙に登場してきたのが「不老不死の仙人」という考え方である。蓬萊山《ほうらいざん》には仙人がいて不老不死の仙薬が手にはいる。そういった伝説を皇帝にささやいたものがいた。

不確実な「死後の世界」に期待をかけるより、このまま死なないで永遠に生きつづけるほうがよい。秦の始皇帝や漢の武帝といった専制君主はそうねがった。仙人説はそういった皇帝たちの願望によって一挙に中国全体にひろがったのである。

不老不死　目次

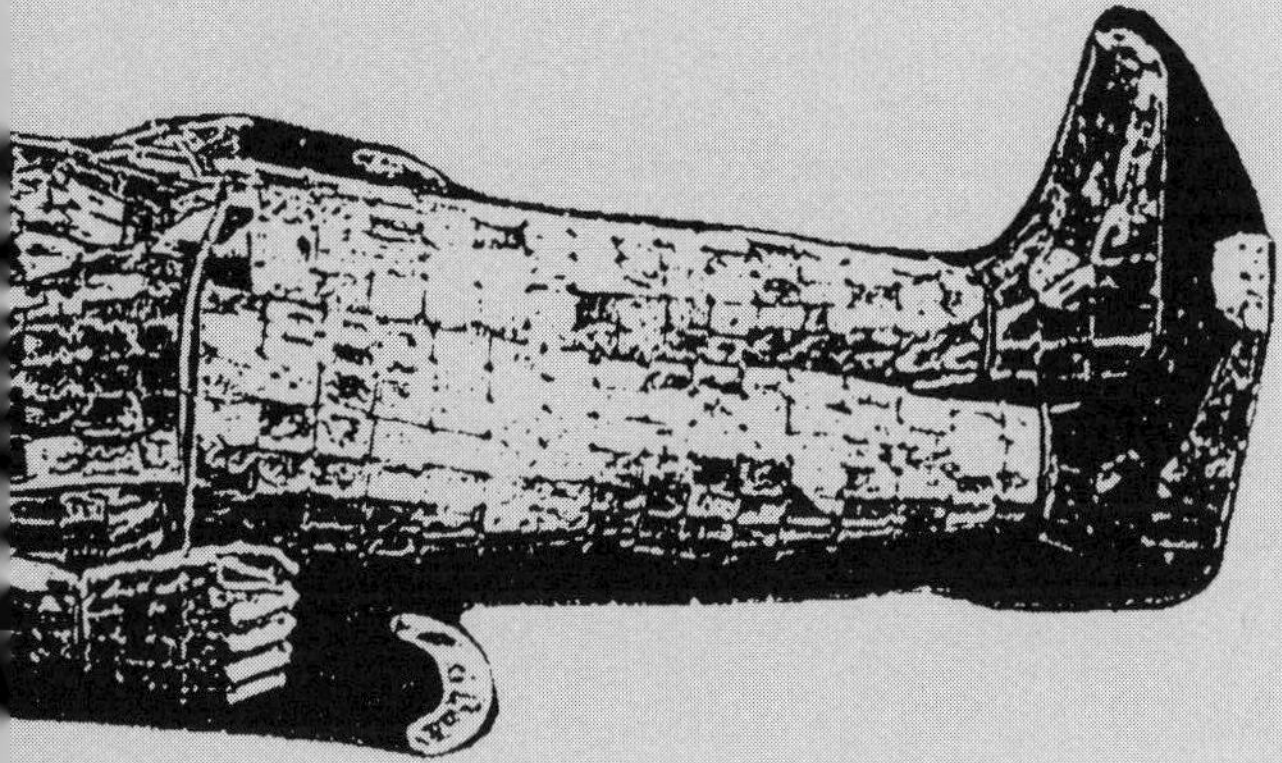

# 第一章
# 死は再生のはじまり

## 肉体へのこだわり

不老不死の仙人の話にはいるまえに、まず中国人の考えた死後の世界について簡単にのべておきたい。そのさい、「肉体」にたいするこだわり、ということに着目して論をすすめていきたい。不老不死の仙人とは、ようするに死なない「肉体」をそなえた人だといえるからである。

「肉体」にたいするこだわりは、仙人説がうまれるはるか以前からあった。それはどうもあの世での再生と関連している。あの世での再生には「肉体（遺体）」の完全性が要求されていたようである。『孝子伝《こうしでん》』や『孝経《こうきょう》』などのなかにはそういった意識が残存している。『孝経』は、前漢ごろにつくられた儒教の経典である。この書は、親にたいする孝と君主にたいする忠を、強引にむすびつけようとしたものである。そして、本来家族主義である儒家の教を拡大して、国家のなかで君主を親とみなす思想をうえつけることに重要な役割をはたしている。この『孝経』の冒頭が、

身体髪膚《しんたいはっぷ》、これを父母に受く。あえて毀傷《きしょう》せざるは孝の始めなり（子供の体は親からうけついだものだ。子供のその体を傷つけないようにするのが親孝行のはじめである）。

という有名な文章である。

なぜこのような文章が『孝経』の最初におかれるのだろう。「体を傷つけない」ことがそんなに重要なのだろうか。同様の文は漢の戴徳《たいとく》が編纂《へんさん》した『大戴礼《だたいらい》』にもみえる。そこでは五体満足な体でうまれ、その体に傷をつけないままで死んでいくことが「孝」としてとかれている。

これらの話は、じつは『論語』にみえる孔子（紀元前五五一～四七九年）の高弟、曽参《そうしん》（紀元前五〇五～四三六年）のはなしの影響をうけている。

曽参は臨終の床で、弟子たちに布団のすそをめくらせてこういった。

ふとんをめくって私の手や足をみよ（どうだ傷ひとつないだろう）。『詩経《しきょう》』に「戦々兢々《せんせんきょうきょう》たることは、深淵にのぞむかのごとく、薄氷をふむかのごとし」とある。（これまでは怪我をしないかとビクビクと生きてきたが）これからさきはそういった気持ちからまぬがれることができるのだ。弟子たちよ。（泰伯篇）

『呂氏《りょし》春秋《しゅんじゅう》』（戦国秦、呂不韋《りょふい》撰）では、曽参自身が、

身は父母の遺体（のこした体）だから、行動をつつしまないわけにはいかない。

と倫理的な考えで説明する。曽参や『孝経』の作者自身も実際のところ、そう考えていたようにみえる。しかし、この話には、曽参といった個人の意識をこえた、中国人の古層としての意識がひそんでいるようにおもわれる。

### 孝を鬼神に致す

「孝」といえば、いわゆる「親孝行」のことを思いうかべる人がおおい。けれども、「親孝行」の「孝」の意味のなかではもっとも新しいものである。「孝」の字は本来、

孝を鬼神に致《いた》す。（『論語』泰伯篇）

とみえるように、鬼神すなわち祖先の霊にたいする祭祀《さいし》をしめすものであった。

そこから、親の喪に服することをも「孝」とよぶようになった。孔子はその意味をさらに敷衍《ふえん》した。そして、いま生きている親を敬愛することをも「孝」とした。かれは弟子に「孝」の意味を問われたとき、

色難《いろかた》し。（『論語』為政篇）

とこたえた。

これは、親につかえるときの顔つきがむずかしいという意味であるが、祖先崇拝の孝とは、

すでにおおきく意味がずれている。

「孝子」という語も、「親孝行の息子」という用法のほかに、「喪主」という意味がのこっている。儒家は「三年の喪《も》」を重視した。これはあしかけ三年間、親の喪に服することで、孔子が古来の礼法としてさかんにいいたてたものである。

そののち、孟子（紀元前三七二?〜二八九年）が滕《とう》の文公にすすめたためさかんになり、儒家のもっとも重視する礼となった。しかし、じつは孟子のころにも、孔子の生国である魯《ろ》の先君すらおこなったことのない「三年の喪」を滕の文公がおこなう必要があるのか、といった疑問の声があった。

「三年の喪」は本来、殷《いん》の高宗《こうそう》が服喪にさいして「三年間ものをいわなかった」という特殊な事例を、孔子が誤解して一般例としたものらしい。その由来はともかくとして、儒家が「喪」をもっとも重大なものとしてあつかったことはたしかである。

「孝」である人物の話をあつめたものが『孝子伝』である。ここには「高宗の服喪」の話ものせられるが、よく知られているのはつぎのような話である。

寒さのきびしいおり、河にはかたく氷がはっていた。継母は新鮮な魚がたべたいといった。孝行息子の王祥《おうしょう》は、ボロ服をぬい

孔子。『孔聖家語図』より

で氷をたたいて魚をとろうとすると、氷がすこしわれ、そこに二尾の魚がおよいできた。王祥は釣り糸をたれてつりあげた。人々は至孝のいたすところだとおもった。（『師覚授《しかくじゅ》孝子伝』「王祥」）

あるいは、

『晋書《しんじょ》』では氷が勝手に割れ、二尾の鯉がとびでてきたことになっている。

孟宗《もうそう》の母は筍《たけのこ》をこのんだ。あいにく冬で筍はない。孟宗は竹林にはいり、かなしくて泣いていると、筍がいきなりとびだしてきた。（『孝子伝補遺』「孟宗」）

というものである。

これは、「孟宗竹」という竹の名のおこりとして有名な話である。いずれの話も子供の「至孝」が天に通じて、ちょっとした奇跡をおこさせる。これらの話は道徳の教科書として利用された。そのため、『孝子伝』といえばそういう話ばかりだというイメージがある。

**遺体が大事**

ところが『孝子伝』のなかには次のような話もまじっている。

王鷲《おうきょう》は盧陵《ろりょう》、石陽《せきよう》の人である。父がなくなり、まだ葬《ほうむ》らなかった。かりに自宅のうしろに瘞《うず》めておいたところ、野火がおこり、そこまでせまってきた。王鷟は父の遺体を掘りだしてすくおうとしたが、かなわず、火に身をなげて死んだ。（『宋躬《そうきゅう》 孝子伝』）

息子は父の遺体が焼けて損傷することを悲観した。そして父の遺体をすくいだせないことがわかると、みずからの命さえなげだしてしまった。

遺体なのだから焼けようとどうなろうとかまわない。火葬は遺体を焼くではないか、というのは現代人の発想である。たしかに中国でも、周恩来のように火葬して灰にして撒いてしまう人もいる。また仏教の影響で火葬のおこなわれた時期もないわけではない。だが火葬にかんしてはつぎのような話がある。

渤海太守《ぼっかいたいしゅ》の史良《しりょう》は、ある女を妻としようとし、許嫁《いいなづけ》にしたが、うまくいかなかった。史良は怒って女を殺し、その首を斬ってもちかえり、かまどに投げいれてこういった。「火葬にしてやる」と。（『捜神記《そうじんき》』）

中国では古来、ほとんどが土葬であった。土葬は肉体を損傷させずに埋葬することである。ここで斬首してから火葬するのは、相手の肉体を損傷させることを目的としている。

インドなどの火葬では、体を焼くことによって煙とともに魂が天界へのぼっていく、と考えられていた。中国ではその考え方は定着していない。そしてこの、女の首を斬って殺し、火葬にしようとした例のように、おそろしい刑罰の一環として考えられていたようだ。『孝子伝』にはつぎのような話もある。

廉範《れんぱん》は京兆《けいちょう》の人である。わかくして父をなくした。十五のとき蜀《しょく》へゆき父の喪《ひつぎ》をひきとった。（遺骸を船で郷里にはこぶ途中）岩をよけそこねて船が転覆した。沈んでいく。廉範は遺骸に抱きついたまま、沈んでいく。それを船頭がすくいあげてなんとか一命をとりとめた。（『孝子伝』）

曹娥。『増補捜神記大全』より

出稼ぎなどで故郷をはなれていても、亡くなればかならず郷里の墳墓の地に埋葬しなければならない。香港には、いつか中国国内の故郷に埋葬されることをまちのぞむ遺骸《いがい》を安置する巨大なビルがある。パナマなど遠く離れた地にすむ華僑《かきょう》も、同様の遺体安置場をもっている。

唐の『杜子春《とししゅん》伝《でん》』では、旅襯《りょしん》すなわち、旅先でなくなった人の遺体をいれた棺《ひつぎ》を郷里にはこび埋葬することは、このうえもない善行とされている。道士が郷里に死体をはこぶキョンシー（殭屍）映画も、こういった背景を知ったうえではじめて理解できるだろう。

孝女曹娥《そうが》は上虞《じょうぐ》の人である。父の盱《く》は調子をとって歌をうたい、踊りをおどって神をたのしませることができた。漢安二年（一四三年）に盱は伍君神《ごくんしん》（春秋時代の伍子胥《ごししょ》が神とされたもの）をむかえ、波をさかのぼってのぼり水にのみこまれ、尸《しかばね》があがらなかった。曹娥は年十四であったが、号泣して父を思慕した。彼女は瓜《うり》を江になげいれ、父の尸をおもってこういった。

「お父さまがここにいらっしゃれば瓜はしずむわ」

そうやって十七日たって瓜はたまたましずんだ。そこで曹娥は江に身をなげて死んだ。

ここは銭塘江《せんとうこう》わきの、のちに曹娥江《そうがこう》とよばれる河での話である。銭塘江の河口に大潮のさいに、海嘯《かいしょう》とよばれる津波の逆流がおこる。この現象は、死体を皮ぶくろにつめて川にながされた伍子胥の怒りと考えられ、伍子嘯《ごししょう》とよばれている。

曹娥のおこないを顕彰して「孝女曹娥碑」がたてられた。子供が自分を犠牲にして親の遺骸を全《まっと》うしようとする。あるいは親の尸がないことをなげき、親の遺骸のある場所に身をなげて殉じた。そういう行為をおこなった子供が『孝子伝』に名をつらねたのである。

## 不孝に三あり

だが、「孝」のために子供が命をすてることは、儒教のなかの「孝」の理論と矛盾する。「孝」には後継ぎが断絶してしまうことを、もっともおそれる考えかたがある。孟子は、

不孝に三あり。後ち無きを大となす（親不孝には三つある。そのうち子孫がないというのが

もっとも重大な親不孝である）。（離婁上篇）

と声を大にして主張した。

ここでは、孟子はなぜかあとの二つの「不孝」を記していない。それだけに孟子は後継ぎを絶やすことに、ほとんど恐怖にちかい感情をいだいているようにみえる。これはそののち、

子無きは去る。（『大戴礼』「本命」）

として、夫が妻を離婚してもよい七つの項目のひとつに数えられる。

なぜ後嗣が絶えることをおそれるのか。それは祖先の祭祀を継続できなくなるからである。祖先の祭祀をおこなうことが「孝」である。ゆえに、それができなくなるのは「不孝」なのである。かりに子孫が断絶するようになった場合も、かならず血縁から養子をむかえる。日本のように「血」のつながりよりも「家」の存続を重視する考えかたはない。

そういった考えかたからみれば、子供自身が命をおとしてしまい、その結果、亡父をもふくめた祖先の祭祀をおこなえなくなることは、「不孝」このうえもないことと非難されねばならない。「後ち無きを大となす」を不孝の最大のものとするならば理論上そうなる。

それにもかかわらず、自分の身を犠牲にして親の遺骸をまもった子供を「孝」とするのは、遺骸をまもることが、子孫を絶やすこと以上に重大なこととみなされていたからであろう。この考えかたは、どうも儒教成立以前からの古い感覚をひきずっているようにみえる。

## 埋葬儀礼と方相氏

では、なぜ遺骸がそんなに大切にされるのだろう。しかも「傷つけないこと」が必要である。ここですこし中国の埋葬儀礼に目を転じてみよう。

方相氏《ほうそうし》というものがいる。これは「儺《おにやらい》」の儀式にも登場する。「儺」とは病気をひきおこす原因とされた疫鬼《えきき》をおいはらう儀式である。方相氏は、その儀式で疫鬼をはらう四つ目の神である。もちろん実際には面をかぶり神に扮装《ふんそう》する。

日本でも平安時代には、中国の儀式をまねて節分の追儺に方相氏が登場した。これは、現在にまで伝わるところもある。また、悪夢をはらうことにも方相氏が一役かっている。悪夢もまた鬼がひきおこすからである。

この方相氏は本来、喪時に墓地で戈をとり、悪鬼をはらうものであった『周礼《しゅらい》』「夏官、方相氏」にはこう記される。

方相氏。『三礼図』より

方相氏は狂夫四人があたる。大喪《たいそう》には柩《ひつぎ》の先導となり、墓につくと壙《はかあな》にはいり、戈《ほこ》で四隅をうち、方良《ほうりょう》をたたく。

狂夫は神がかりになった人間で、巫覡《ふげき》のたぐいをさすのであろう。もと四人で墓穴の四隅をうっていたが、のちに一人にまとめられた。

「方相」とは「四方を相《み》る」であろう。四方をみることは、すべての方位をみわたすことにつながる。その具体的な形象が、四つ目の面となってあらわれた。漢代の墓には、副葬品のなかに陶製の方相氏がおおい。前後に二つの面をかぶっているものもある。このばあい、目は前後に二つずつであり、あわせて四つ目となる。

鬼をたべる虎。泉屋博古館蔵

方相氏は遺体が埋葬地につくまでは先駆けとなって凶邪をはらう。その役は巫祝《ふしゅく》もおこなう。桃の木の柄の「茢《れつ》（あしの穂のほうき）」で、道中に悪鬼を掃きはらう。そして遺体が無事につくと墓あなにはいり、ほこで四隅をうち、悪鬼である「方良《ほうりょう》」をはらうのである。「方良」とは「罔両《もうりょう》」のことである。魑魅魍魎《ちみもうりょう》の「魍魎」である。魑魅魍魎はふつう、山川の精と理解される。しかし、これだと『周礼』の「方良」の説明にはならない。

『国語《こくご》』は、「罔両」とは「木石の怪」であるとしるす。『周礼』の注釈者はそれを引用して説明したが、なぜか「土の怪」という。ここでおぼろげながら「罔両」とは何かが、わかりかけてくる。けれども、儒教の学者の手になる『周礼』の注釈でわかることは、せいぜいここまでである。

明の李時珍《りじちん》の『本草綱目《ほんぞうこうもく》』は、その意味を明瞭に説明する。

罔両は魍魎とも書く。また方良ともいう。『周礼』では「方相氏が戈をとって墓穴にはいり方良を駆逐する」。罔両は亡者の肝臓を好んでたべる。だから追いはらうのだ。

「罔両」とは死体を食らう化け物のことである。「魍魎」の字は部首が「鬼」であるため、それが悪鬼の一種であるとわかる。『本草綱目』はさらに説明をつづける。

罔両は虎や柏《はく》をこわがる。だから墓のかたわらに石でつくった虎をおき、柏をうえる。

## 亡者を食らう悪鬼

悪鬼が虎をおそれるのは、虎が悪鬼を食らうからである。『山海経《せんがいきょう》』にはこうある。

東海のなかに度《ど》朔山《さくさん》という山がある。そのうえに大きな桃の木がある。三千里四方も枝をひろげている。そのうちの枝のたれさがった門を東北の鬼門という。ここからよろずの鬼たちが出入りする。

鬼《き》というのは本来、死者の霊、亡者のことである。日本でいう角のはえたオニではない。その鬼がこの世とあの世を往来できる唯一の通行口が、「鬼門」なのである。

そこにはふたりの神人がいる。ひとりを神荼《しんと》、もうひとりを鬱櫑《うつりつ》という。かれらは鬼のうちで人に害悪をなすものをつかまえて、葦のなわでしばりあげ虎に食わせる。

葦なわをもった「鬱櫑《うつりつ》」は、中国人の家々の門戸にえがかれ門神となった。日本の正月にかざる「しめ縄」も、悪鬼をしばりあげる「葦なわ」にもとづくのであろう。「柏《はく》」は柏餅の柏《かしわ》とはまったくべつの樹木である。檜《ひのき》にた常緑樹、コノテガシワのことをいう。おなじく常緑樹である「松」とともに墓場にうえられる。また柏や松で棺もつくる。常緑のもつ生命力で遺体をまもり悪鬼を追いはらうのである。これは実際に防腐効果もあるのだろう。

『本草綱目』はさらに『述異記《じゅついき》』を引用してつぎのように述べる。

秦のときに陳倉《ちんそう》の人が猥をして獣をつかまえた。猪のようでもあり、羊のようでもある。道であった童子（神の化身だろう）がこういった。「この名は弗述《ふつじゅつ》、またの名を媼《おう》という。地下にいて死人の脳を食べる。柏の枝でその首を刺すと死ぬ」と。

神荼と欝壘。『三教源流捜神大全』より

「蝹」は『広韻《こういん》』に、「猿のようで、つねに地下で人の脳を食べる」と記されている。李時珍はこの「弗述」についても、「これすなわち罔両なり」とのべている。

李時珍の説明によってはじめて、「方相氏」の役割が明確に理解される。つまり「方相氏」とは、死体を食らう「罔両」から、遺体をまもる役目をになう者なのである。

「方相氏」だけではない。葬列の先駆けをする巫祝《ふしゅく》、皇帝の陵墓のまえにならべられる石獣や神像、墓にうえられる「松」や「柏」、棺につかう「柏」、遺体に着せる「玉衣」や「玉《ぎょく》匣《こう》」という玉片をつづりあわせてつくった鎧《よろい》……、それらはみな、遺体が「罔両」などの悪鬼に食われないためのものであろう。

**死後の世界への出発点**

では、なぜ遺体を食われることを、それほどまでに恐れるのだろう。それは、遺体が完全でなければあの世に生まれかわることができない、と考えられていたからだろう。

古代文明で死後の世界を構想したものはおおい。中国人もまた、死後の世界はあると考えた。「昼と夜」「陽と陰」は、対立的関係ではあるが、断絶したものではない。それは裏がえしの世界ではあるが、循環し、くりかえすものでもある。かれらはそういったものと同様に、「生と死」を考え、「人と鬼」を考えたのだろう。

古代の中国人は、「死は終着点でその先はない」とは考えなかった。死ぬことは死後の世界に生まれかわる通過点である。その意味で、「死」とは死後の世界に「誕生」する出発点ともいえる。

土に穴を掘っただけの土壙墓《どこうぼ》や甕棺《かめかん》にみられる、屈葬《くっそう》という埋葬形式がある。これには死者に石をだかせたりしたものもある。そのため、死者が悪霊となって這いでてくるのをおそれで、体を折りまげて重石でおさえつけた、などと考えられている。けれども「死」を「誕生」と考えれば、甕棺《かめかん》は子宮や繭《まゆ》、卵の形にみえ、屈葬は胎児の形にみえる。

また、横穴式の古墳で、玄室《げんしつ》とよばれる石室はあたかも子宮で、羨道《えんどう／せんどう》とよばれる部分は産道、すなわち膣《ちつ》で、羨門《えんもん／せんもん》とよばれる部分は膣口だと考える人もいる。墳墓をこんもりと丸くもりあげることがおおいのは、妊婦の腹に似せたのかもしれない。韓国には、女性の下腹部、生殖器や子宮のかたちをした母性墓がある。

それに、明器とよばれる墓の副葬品は、死後の世界で使用するためのものである。

これらのことが、どれほど真剣に信じられていたのかはわからない。けれども、エジプトの例をもちだすまでもなく、古代の人々はあきらかに、生者の世界と死者の世界という二つの世界を所有していたのである。そして、それは中国人も同様であった。

### 人間の塩辛

遺体が完全でなければあの世に生まれかわれない、という考えかたの裏がえしが、相手の体をズタズタに引き裂くという考えかたである。孔子の弟子の子路《しろ》は勇者として知られたが、戦闘にまきこまれて殺された。『礼記《らいき》』檀弓篇《だんぐう》には、子路の遺体が「醢《かい》（肉の塩辛）」にされたことを記す。後漢の大儒、鄭玄《じょうげん》は檀弓篇に注釈し、こう理解した。

醢《しおから》にするのは、それを食らうことにより、まわりの人々を怖《おじ》けづかせるためだ。

つまり、人間の死体からつくられたおぞましい食物をたべることのできる勇気でもって他の人々を圧倒し、畏怖させるのだという。この解釈は現代人の感覚にちかいだろう。

わざわざ食べ物である「醢」にするのは、本来、うまいからだと解釈する人もいる。

たしかに、超グルメで知られる斉の桓公《かんこう》は嬰児《えいじ》の蒸しものを欲し（『韓非子』）、五代時代には人肉の市がたち（『五代史記』）、南宋初期には人間を「両脚羊（二本足の羊）」とよんだ（『雞肋篇』）。また籠城という極限状態のことではあるが、死骸を焼き、子供をとりかえて食らった（自分の子供はさすがに食べられない、『左伝』）といった記録が、中国ではいくらでもあるから、人肉美味説にはそれなりの説得力がある。

だが、この話は別の角度から解釈すべきだとおもわれる。塩辛というのは、ようするにコマギレにすることである。遺体をコマギレにするのは、遺体を完全にしておくための異常な努力とくらべてまさに百八十度の差がある。けれどもその考え方の根本はおなじものである。

遺体が完全でなければあの世に生まれかわれないという考えかたによって、自分の体や親の遺体を大切にする。わが身を中心に考えた場合はそうなる。しかし、それがひとたび、敵対する立場の人間にむけられたばあいは、逆に遺体をできるだけ不完全にしようと努力するのであろう。それが遺体を切りきざむ行為としてあらわれる。

遺体が完全なままだとどうなるか。その遺体は悪鬼（悪霊）としてあの世に復活し、現世の人間に害をあたえると考えられたのであろう。
遺体を「脯《ほしにく》」にするのは、刑戮《けいりく》の一種とされる。殷の紂王《ちゅうおう》は無道の君主として有名である。かれをいさめた王子《おうじ》比干《ひかん》は心臓をさかれて殺され、忠直の諸侯である梅伯《ばいはく》は脯にされた。この伝説は『呂氏《りょし》春秋《しゅんじゅう》』・『韓非子《かんぴし》』・『楚辞《そじ》』などの書物に記されている。

**肉刑の深層意識**

中国の刑罰には残酷なものが多いとされる。墨《ぼく》（顔に入れ墨する）・劓《ぎ》（鼻そぎ）・宮《きゅう》（割勢つまり去勢）・鋸《きょ》（のこぎりで足を切る）・鑽《さん》（膝蓋骨《しつがいこつ》［ヒザのさら］をとる）・抽脅《ちゅうきょう》（あばら骨を引きぬく）・鑿顚《さくてん》（頭のてっぺんに穴をあける、あるいは墨におなじ）・鑊亨《かくほう》（カマゆで）・腰斬・車裂きなどがあり、後世、金代にはじまるとされる陵遅《りょうち》刑は「肢体をくだき臠《きりみ》にし、身首処を異にす」というすさまじさである。
漢のはじめには、親族を皆殺しにする死刑があった。『漢書《かんじょ》』「刑法志《けいほうし》」はつぎのようにしるす。

三族の刑にあたるものは、みなまず黥《いれずみ》や、劓《はなそぎ》をし、左右の足首を切りおとし、笞でうって殺し、首をさらし、骨や肉を市場で菹《そ》（しおから）にする。

高祖の驍将《ぎょうしょう》であり、のち反乱を起こして鎮定された彭越《ほうえつ》や韓信《かんしん》の一族が、この刑罰にかかっている。

これらの、肉体を損傷する刑罰である肉刑は、一般的には、

刑は刑無きを期す（刑罰をおこなうのは、刑罰をほどこさなくてすむようにするためにである）。
（『書経』大禹謨《だいうぼ》）

という理念で解釈されている。

つまり、刑罰の残酷さを人々にみせつけ、恐怖の念をいだかせることにより、刑罰にかかるような悪事をはたらかないように心がけさせるというものである。実際、刑罰の執行者である為政者も、そう考えていたと思われる。

けれども、こういった刑罰にも、前述の意識が深層意識としてはたらいている。

そして、その意識は、相手が強力であればあるほど、つよくかつ執拗である。さきには子路のばあいがそうであり、ここでは猛将の彭越や韓信の一族がその災禍にかかっているのである。

美味だから脯醢《ほかい》を食べるのではないだろう。食べることは、切りきざむことの究極に存在する。食べることによって、相手の遺体を完全にこの世から消しさってしまうのである。そのことによって、おそらく相手はあの世に復活できなくなり、永遠に消滅するのだろう。

それは同時に、相手の強力な力を、自己の血肉のうちにとりこむことにもなる。フレーザーのいう類感呪術《るいかんじゅじゅつ》であり、首狩り族や人食い人種の習俗とも共通する深層意識であろう。

首を斬ること二十四万。(『史記』秦本紀)

首を斬ること四万。(『史記』秦本紀)

誇張はあるにしても、おそるべき数字である。かつての中国人は、まちがいなく首狩り族であった。とどめをさすための、もっとも確実な方法が斬首である。けれども、「首」を切ることの深層意識も、相手の復活をふせぐことにあるのだろう。

敵の首を切りおとすことの起源はかなり古い。「道」という字が「異族の首をもって道を進むこと」とされ、文字がつくられた頃にすでに斬首がおこなわれていた。また殷代の墓には「首」を切りおとされた犠牲がおおく殉葬されている。敵の首を切りおとすことは、日本にもふつうにみられるが、その深層意識も中国人と共通するのであろうか。

ちなみに、みずからの意志で宦官《かんがん》となった自宮《じきゅう》者は、自己の一物である「宝《パオ》」を大切に保管し、死ぬときはいっしょに埋葬する。これはふつう『孝経』の「身体髪膚」の影響と理解されているが、やはり、前述の深層意識であろう。

なお、「宝」をなくしたばあいは、他人のものを高額で買いとって間にあわすという。不要だとして切りおとしたものをまた買いとるというのは笑うに笑えないが、他人のものでも間にあうというのは解せない。

## 魂と魄

以上、肉体にかんする過剰なこだわりという点にしぼって、さまざまな例をみてきた。ここではくわしくふれる余裕がなかったが、中国では、人は死後、「魂《こん》」と「魄《はく》」に分離すると考えた。

「魂」の「云」は、雲気で上昇する「たましい」である。「魄」の「白」は、頭蓋骨の白骨で、地にとどまる形骸である。そのことから、「魂」は精神で「魄」は肉体と解釈されることがおおい。

火葬にしてしまう地域では「魂」のみが問題とされ、肉体にたいするこだわりはすくない。しかし、土葬の地域では肉体もまた意味をもつ。

「魂」は目にみえないことがおおい。しかし「魄」つまり肉体は「魂」が去っても厳然としてそこにあるものである。「魂」が分離したのちも「魂」と「魄」は、やはりなんらかのかかわりをもつと考えられたようだ。

「魂」と「魄」は、中国的二元論として理解される。陰陽の場合も同様だが、対立する関係というよりも、おたがいに補完しあう関係であろう。「魂」と「魄」があわさって人は存在する。その関係は死後も微妙に継続しているようである。

この章では、人間はあの世に鬼《き》として再生するととらえた。しかし、この世に再生するという考えかたもある。そのばあい、いったんあの世にゆき、そのあとこの世に生まれかわるのか。それとも直接この世に生まれかわるのか。いまひとつさだかではない。

前漢時代の墓、馬王堆《まおうたい》から出土した「女尸《じょし》」のように、遺体を完全に保存しようとするばあいがある。この女性は二千年以上をへて遺体にまだ弾力性があった。

遺体を保存するのは、遺体に魂がもどり、復活するからだ、と考える人がいる。また、副葬品の「玉」には遺体をくさらせない作用があるとされている。

中国はもと、遺体をくさらせ骨にしてから葬る、複葬《ふくそう》の形式をとっていた。そのなごりは、次章で考察する「殯《もがり》」のなかにのこっている。骨にすることと肉体ごと遺体を保存するのはおおきな差がある。その背後には、殷や周といった古代の文化の差、農耕系と遊牧系の葬送儀礼の相違といったものもあるのだろうか。あるとすれば当然、死後の観念もことなっていたのであろう。

さきに仙人というのは、不老不死の肉体をそなえたものと定義した。けれども、初期には、霊魂そのものが仙人であると理解されていたようなふしもある。次章では、そういった仙の意味の変遷についてあきらかにしたい。

第二章

「仙」とは何か

優人霑葉且久
居府大空年榻
曠日空巳顔
真優人之気
以此喩之不仁
謂乎
大形先生属此
玄朝夏偃女書

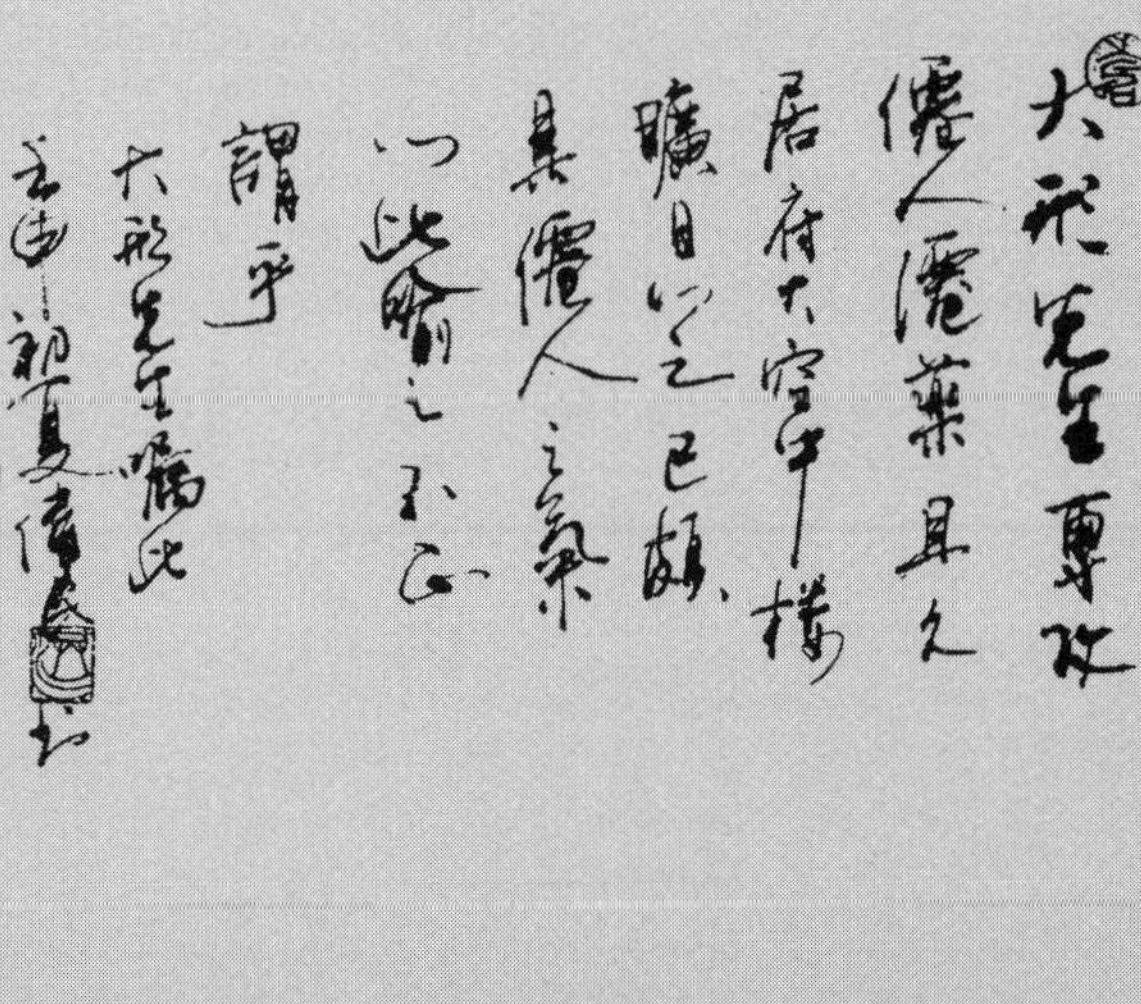

## 仙人は不老不死か？

老いて死せざるを仙という。

後漢、劉熙《りゅうき》の『釈名《しゃくみょう》』の解釈である。

年老いても死なないという説明は、仙人は「不死」の人であるという、われわれの漠然ともつイメージにもぴったりとあい、とてもわかりやすい。そのため、従来、仙人の説明に『釈名』が引用されることが多く、私もかつてはそのように説明してきた。

『釈名』は字書《じしょ》である。字書というのは字の原義を説明するものである。字の本来の意味という観点から、「仙」の字を虚心にながめてみよう。この字は「人」に「山」である。ゆえにこの字形からは「山にすむ人」、「山人《さんじん》」という解釈がでてくる。実際、仙人は、後漢時代の鏡の銘文などで「山人」と記されることもある。

けれども、この字形からは、『釈名』のいう「老いて死せず」という意味は、どこをどうひっくりかえしてもでてこないのである。

それでは、なぜ劉熙は「仙」を、「老いて死せず」と解釈したのであろう。劉熙は後漢の人である。仙人説はすでに秦から漢代にかけて生みだされ、後漢には仙人に関する話がひろまっていた。当時、仙人は「不死」とよばれていた。そこで劉熙は、後漢当時の人々のもつ仙人のイメージをもとに、「仙」の字義を説明したのである。このため、劉熙の説明が仙人のイメージにぴったりあうのは当然である。

劉熙はさらにつづける。

仙は遷《せん》である。遷《うつ》って山にはいる。だから字をつくるのに、人のよこに山とした。

「仙」の字がもと「僊《せん》」、であったことの説明である。「僊」と「遷」が音通《おんつう》であることから、「僊」の字は「遷《うつ》る」という意味であり、どこにうつるかといえば、山にうつりすむことだとのべる。実際、街中にすんでいた仙人が、さいごに山にうつりすんだという例は多い。ゆえにこの説明もまた、仙人の実際に合致したものではある。

けれども、「僊」がかりに「人が遷る」ものであったとしても、それが山にうつるのだということは、この字形からはいえない。ようするに、ここでも劉熙の説明は、「仙人が山にうつりすむ」という当時の仙人のイメージをもとに字義を解釈したものにすぎないのである。

それでは後漢のもうひとつの代表的字書である、許慎《きょしん》の『説文解字《せつもんかいじ》』はどうか。これは、

高きに升《のぼ》るなり。

と解釈する。また「僊」については、

長生して僊（䙴）去す。

と理解する。

清の段玉裁《だんぎょくさい》は『詩経《しきょう》』の用例から、「僊僊《せんせん》」は「袖《そで》を舞わせて飛揚《ひよう》すること」としている。『説文解字』の説をふまえて、津田左右吉は『神仙思想の研究』で、「『僊』の字の本義は飛揚升高《ようしょうこう》のこと」であり、「『僊人』は天に昇る人の義」とのべた。実際、空を飛ぶ仙人がおおいことから、この解釈は仙人の説明として一般的なものとされてきた。

**「僊」とは死ぬこと**

ところが、白川静の『字統』は、そういったものとは一変する解釈をしめす。

䙴は死者を他に遷すことを示す字で、死去することをいう。その人を「僊」というのであるから、いわゆる不老不死の仙ではない。

白川説によれば、僊とは「死去する」ことなのである。これは従来の解釈の「不老不死の仙」とは、まさに対極に位置する。白川説にもとづくならば、仙人に対する概念は大幅に修正しなければならない。

白川静は、䙴は屍《しかばね》を殯屋《ひんおく》にうつすことと述べ、複葬のなごりだと推定する。そしてこれを

「登遷（仙人になること）」の字と解するのは、のちの神僊の思想によるもので、本来は神霊をほかにうつすことなのだとしている。また、

死を永生とする考え方は荘子学派によって完成されたもので、彼らは顚死者《てんししゃ》（非命の死者）である眞（真）を存在の本源に達したものとして真人《しんじん》とよび、死して朽廃したものを僊として、羽化登仙《うかとうせん》の人とした。

と「僊」を理解する。ひじょうに興味ぶかい説である。ところが、そうなれば、いわゆる、空を飛び不老長生の仙人と白川説はどのように結びつければよいのだろう。

仙人はもと死者の霊魂と理解される。『荘子《そうじ》』「天地《てんち》」篇には、

千歳、世を厭《いと》えば、去りて上僊《じょうせん》し、彼の白雲にのり、帝の郷にいたらん。

とみえる。

ここはその主体を霊魂と考えれば、「千歳まで生きて、この世がいやになれば、世をさって（死去して魂が）、のぼり僊《うつ》り、あの白雲にのって天帝のところにゆこう」と理解できる。これだと千歳まで生きることをのぞけば、ごくありふれた死生観といえる。

また、『説文解字』の「長生して僊（䙴）去す」も、長生きしたあと（死亡して）霊魂がうつりさるともかんがえられる。これもかならずしも、肉体とともに空にのぼるとかんがえな

くともよいのである。

「神僊」の語は、ふつう「神仙」に同じとされ、「カミ・仙人」といった名詞として理解されている。けれども、「神僊」と「神仙」は本来、区別する必要がある。

「神」には「カミ」という意味以外に、神霊・霊魂など「たましい」という意味がある。「神」を「たましい」と理解すれば、「神僊」という語は、

神僊《しんうつ》る。


と、霊魂が移動することをのべたものとなる。もとは神霊を殯宮《ひんきゅう》に移動させるというものであったのが、霊魂が天帝のいる天などに移動することと考えられるようになったのではないか。

後世、唐代の用例となるが、『隆禅法師碑《りゅうぜんほうしひ》』に「神遷《しんせん》」という語がみえる。


大足元年十月廿二日、神遷《しんうつ》る。春秋六十有二。


とあり、六十二歳でなくなった法師の死去のことを「神遷（しんうつる）」と表現している。このばあい、「僊」の字ではなく「遷」の字がもちいられている。

「神遷」の用例はほかにもある。そこでも死去の意味としてもちいられる。ただそのばあいは、「香気、室に満つ」とあり、死去したときの様子が「尸解仙《しかいせん》」の状況に似ている。この「尸

解仙」については、すぐあとでくわしく述べる。

「神僊」の本来の意味は、「神（しん）遷（うつる）」で、死んで霊魂が移動することだろう。ただしこれが「神仙」と書きかえられた場合、それはすでに仙人の意味である。「仙化《せんか》」・「仙去《せんきょ》」・「登仙（僊）」といった語も、「仙人となる」という意味と同時に、「死ぬ」という意味をもつ。「仙化」は「死」を美化しての表現だが、本来の意味でもある。

## 「殯」と尸解仙

さて、さきにみたように白川静は、「罨は屍《しかばね》を殯屋《ひんおく》にうつすこと」とのべている。ここでは、「殯」について説明したい。「殯」とは「モガリ」・「カリモガリ」のことである。死後すぐに埋葬しないで、一定期間おいたのちに埋葬することをいう。この儀礼は日本にもつたわり、ちかくは昭和天皇の逝去のさいにも「殯」がおこなわれている。

儒教では、身分によって「殯」の期間がさだめられている。

天子は七日で殯をおこない、七ヵ月で葬る。諸侯は五日で殯をおこない、五ヵ月で葬る。大夫・士・庶民は三日で殯をおこない、三ヵ月で葬る。（『礼記』「王制」）

儒教では、「賓《ひん》」は「賓客」の意味で、「殯《ひん》」は死者を賓客としてあの世におくることだと理解する。

しかし、三ヵ月から七ヵ月も、埋葬しないというのはどういうことなのだろう。これはもと、遺体をくさらせて骨にしてから埋葬する「複葬」の形式だと考えられている。

文字のなりたちをみても、「葬」は草むらに死体を遺棄し、その風化をまつさま。「魄」は頭蓋骨の白骨。「死」は人の残骨を拝するさまとされ、骨には特別な意味があった。かつての中国では複葬がおこなわれており、台湾では現在でも、洗骨《せんこつ》して複葬《ふくそう》するところがある。おそらく、肉体が腐敗してもすぐには消滅しない「骨」に、神秘的な霊性をかんじたのであろう。「殯」はこういった複葬が儀礼化したものである。

私は白川静が指摘した「殯」と「僊」の関係を発展させて、『列仙伝《れっせんでん》』の「尸解仙《しかいせん》」の事例とかさねあわせてみたい。「尸解仙」とは、一度死んでから仙人になることである。棺のなかの遺体が消え、衣服やくつだけがのこされていた、というのが初期の尸解仙の典型的な例である。つぎに紹介する「鈎翼夫人《こうよくふじん》」は、「殯」を通して尸解仙となったとされている。


鈎翼夫人は斉《せい》の人である。姓は趙《ちょう》。わかいころ清浄《せいじょう》の道をこのんだ。病にふせること六年、右手の拳《こぶし》がひらかなくなり、飲食の量もすくなくなった。あるとき、雲気《うんき》を望んで占うものが武帝にいった。「東北の方角に貴人の気がみえます」と。その方角をさがして鈎翼夫人をみつけだした。

宮中にめしだしてみると、その容姿には尊厳を感じさせる美しさがあった。武帝がその手をひらくと玉《ぎょく》の帯鈎《たいこう》があらわれ、まがっていた指がのびた。そのような経緯により、武帝の寵愛をうけるようになって昭帝を生んだ。その後、あることにより武帝は夫人を殺害した。殯《かりもがり》された屍は冷えずに、一ヵ月のあいだ、芳香をはなっていた。

のちに昭帝が即位して彼女を改葬した。ところが棺内には、絹のくつがのこされているだけであった。そこでその殯宮《ひんきゅう》を「鈎翼宮《こうよくきゅう》」となづけたのである。（『列仙伝』）

鈎翼夫人は実在の人である。『漢書』によれば、武帝が巡狩《じゅんしゅ》したとき望気の者が「ここに奇女《きじょ》あり」と占って、みいだされた。両手とも拳《こぶし》をにぎっていたが、武帝がひらくと指がのび、拳夫人《けんふじん》とよばれるようになった。昭帝を生むが武帝に譴責《けんせき》され、うれえて死んだという。『史記』によると、武帝が七十歳のときに昭帝が生まれた。武帝は自分の死後、夫人が専横することをおそれ、あえて夫人を殺したとされる。

『列仙伝』はこの悲劇の主人公を、仙人にしたてあげた。「鈎翼《こうよく》」は本来、「鈎弋《こうよく》」である。「鈎弋夫人」とよばれるのは「鈎弋宮」にすんだからである。

『列仙伝』の作者は、この「鈎」の字を利用した。『漢書』では、たんに拳がひらかなかったとしか記されないところを、『列仙伝』では、手のひらに「玉鈎《ぎょくこう》」をにぎっていたとする。「玉鈎」は玉製の帯鈎《たいこう》（ベルトのバックル）である。ゆえにこれは、世嗣《よつ》ぎの男児、昭帝を生むことの暗示となっている。

この鈎翼夫人は一度死ぬ。子供の昭帝が彼女を改葬しようとして棺をあけると遺骸がなく絹のくつだけがのこされていた。消えた遺体は仙人となったとみなされたのである。

### 肉体をもった仙人

『列仙伝』には、鈎翼夫人以外にも尸解仙の例がいくつかある。谷春《こくしゅん》の場合を紹介しよう。

谷春というのは櫟陽の人である。漢の成帝（在位、紀元前三三～七年）のとき、侍従となった。病気で死んだが、屍《しかばね》はつめたくならなかった。家では、かれの死を世間に知らせ喪に服したが、それでもあえて棺に釘をうたなかった。

三年たって、衣服をかえた谷春が頭巾をかぶり、県の城門のうえにすわっていた。村のものがおどろいて知らせ、家族がむかえにきたが、ついてかえろうとはしなかった。棺をあけてみると衣服はあるが屍はなかった。

門上にとどまること三晩、去って長安にゆき、西の城門である横門《こうもん》のうえにとどまった。それを知って人々がおいかけ、むかえにいったが、またたちさり太白山《たいはくさん》にいった。

そこで人々が祠《ほこら》を山上にたてると、谷春は四季おりおりにやってきてその祠に泊まっていた。（『列仙伝』「谷春」）

谷春も鈎翼夫人も、屍はつめたくならなかった。おそらく仮死状態であり、本当に死んではいなかったのだろう。仮死状態から生きかえる蘇生の話は、古来かずおおい。

晋《しん》の干宝《かんぼう》のばあいは、病死した兄が蘇生した。その干宝のしるした『捜神記《そうしんき》』にも、蘇生《そせい》の話がおおくある。蘇生の話には「心臓が温かい」といったものがあり、尸解と蘇生はよく似ている。蘇生は、いったんはなれた霊魂が肉体にもどることである。蘇生の話はそれほどめずらしいものではないから、蘇生が、尸解仙の生みだされるきっかけの一つであったかもしれない。

ただし、蘇生した人はたんに生きかえっただけである。その人はやがて年老いて、こんどは本当に死んでしまう。ところが、尸解のばあいは、永遠の生をうけたと暗示される。蘇生はあくまでも人であるが、尸解仙は仙人として生まれかわる。その差は大きいといわねばならない。

尸解仙は棺のなかの肉体がなくなり、衣服や靴がすっぽり脱げたそのままの形でのこされる。また遺体が蝉《せみ》や蛇のぬけがらのようになるものもある。そのため、仙人になること「蝉《せん》蛻《ぜい》（蛻は、ぬけがら、もぬく）」、「蝉脱《せんだつ》」、「羽化《うか》」ともいう。

これは幼虫がさなぎの状態をへて、羽のある成虫となるのに似ている。そのばあい、殯時《ひんじ》の棺はあたかも繭《まゆ》やさなぎ、である。尸解仙は、いったん棺に入ることによって、死ない身体に生まれかわるものである。

棺のなかでどういった変化が進行しているのかということは、ブラックボックスになっていて、まったく知ることができない。ともかく、尸解という死を通して、人が不老不死の仙人へと変化するのである。

これは、さきにのべたあの世への再生と、その道具だてもふくめてそっくりである。死者の口にふくませる玲《ふくみだま》には蝉の形をしているものもある。これも再生の願いをたくすのであろう。

初期の仙人は肉体をともなわない霊魂の登仙であった。けれども、尸解仙は棺をあけると肉体が消えていたという劇的な効果により、肉体をもった仙人として登場したのである。

## 王喬と薊子訓

『後漢書《ごかんじょ》』「方術伝《ほうじゅつでん》」の王喬《おうきょう》の話は、天が棺を下したことになっている。

……その後、天が玉棺を堂のまえに下した。役人たちが、おしのけようとしたが、ぴくりともうごかない。王喬は「天帝が私を召すのであろうか」とのべ、沐浴して盛装し、棺のなかによこたわると、ふたがたちどころにおおった。

その後、王喬の棺は葬られ、かれがふたたびあらわれたという話はない。このばあい、棺にはいることが、天帝のところにゆくための方法となっている。『神仙伝』に見える薊子訓の話は、さらに派手なものとなっている。

予告したときに薊子訓は死んだ。屍はこわばり、手足は胸のうえに交叉したまま、のばすことができなかった。そのようすは、まるで鉄をおりまげたようであった。屍は五香の芳気をふりまき、その香りは街や村にまで達した。その香気は、はなはだふしぎなものであった。

王喬。『列仙図賛』より

そこで薊子訓を棺におさめて殯《かりもがり》し、まだ運びださないでいた。棺のなかでシュルシュルといったかとおもうと、雷がおちたかのような音がして、家のなかを照らしだした。いならぶ人たちはつっぷして、しばらくのちに見あげてみると、棺はバラバラになって空中に飛散し、棺中には人はなく、ただくつが片一方のこっているだけであった。しばらくして、あぜみちに人馬や簫鼓の音がきこえたが、東のほうに消えていった。

この話も、死・芳香・棺・殯・消えた遺体、といった尸解仙の典型的な例である。

**天仙・地仙と尸解仙**

葛洪《かっこう》の『抱朴子《ほうぼくし》』は、

薊子訓『絵図歴代神仙譜』より

不死の道、なんすれぞ、これ無からん。（「論仙」篇）

と、不死の仙人がいることを強調する書物である。この書物によると、仙人には上・中・下の三ランクがある。『仙経《せんけい》』にいうとして、こう述べる。

上士は飛挙して虚空《こくう》にのぼる。これを天仙という。
中士は名山に遊ぶ。これを地仙という
下士はまず死んで、そののち蛻《もぬ》く。これを尸解仙という。(「論仙」篇)

後世、『抱朴子』は昇仙を説く書物として、多大な影響をあたえた。そのため、この三分類法もまたつよい影響力をもった。その結果、尸解仙は仙人となる方法のうちで、もっとも低級なものとみなされ、軽視されるようになる。

天仙・地仙というのは、『仙経』にみえるとされるが、実際には『抱朴子』にはじめて紹介されるものである。天仙・地仙の語は仙人説の初期にはみえず、仙人の概念としては新しいものといえる。

おそらく、それを権威づけるために、あえて尸解仙のうえにおかれたものであろう。天仙・地仙という呼称も、天地という常套《じょうとう》語句をもちいた、ありふれた発想である。『抱朴子』が仙人を天仙・地仙・尸解仙と三つにわけ、それにランクをつけたことを、そのままうけとってはならない。仙人を三つに分類しなければならない必然性はどこにもないのである。

天仙・地仙は、死なないでそのまま仙人となる。この点において、いったん死ぬ必要がある尸解仙とは、まったく別の概念である。天仙・地仙を尸解仙のうえにおくのは作為的なものにすぎない。尸解仙こそが、じつは仙人の原形であるのだということを確認しておく必要がある。

## 死ななくとも仙人になれる

『抱朴子』が尸解仙を下位としたのは、それが死を契機とする昇仙法であったからだろう。『神仙伝』につぎのような話がある。

魏伯陽《ぎはくよう》は弟子三人と山に入り、神丹《しんたん》をつくった。丹薬はできあがったが、弟子の心がまえが十分でないのを知り、ためすためにこういった。

「丹薬はできたが、まず犬にあたえてためさねばならぬ。犬が飛行すれば人ものんでよい。もし犬が死ねばのんではならぬ」

そこで犬にあたえてみると犬は即死した。魏伯陽は弟子に、犬のようになるかもしれぬが、ともかくのんでみるといって丹薬《たんやく》を口にいれるや即死した。

弟子たちは顔をみあわせたが、うちひとりが、

「吾が師は常の人ではない、なにか考えのあるはずだ」

といい、やはり丹薬をのんで死んだ。あとのふたりは、

「丹薬を手にいれようとしたのは、長生きしたいからだ。これをのんで死んでしまうなら、どうしてのむことがあろう。のまなければまだ数十年は世間に生きられるはずだ」

といって山をおり、魏伯陽と死んだ弟子のために棺材をもとめた。

ふたりの弟子がたちさったあと、魏伯陽はおきあがり、死んだ弟子と犬に薬をのませ、

いきかえらせた。その後、みな仙去したとされる。

錬丹《れんたん》の書『周易参同契《しゅうえきさんどうかい／けい》』の作者、魏伯陽にまつわる話である。これは尸解そのものではないが、やはり、「死」が契機となっている。また後世、尸解には尸解薬とよばれる薬物をつかうことがおおいが、ここの例もそれに似る。

魏伯陽。『列仙図賛』より

不老不死の仙人となるために死なねばならない。これほどの二律背反はない。鈎翼夫人や谷春のように、死んだら偶々、尸解仙となっていたというものならよい。しかし、仙人となろうとするものにとっては、この難題の解決には死を賭した勇気が必要であった。それゆえ、『抱朴子』にみえる天仙・地仙の概念は、そうした悩みを一掃し、克服するものであった。仙人になるために、わざわざ死ななくてもよいのである。しかも、いったん死ぬことを要求される尸解仙よりも、レベルのたかい仙人とされるのである。

ただ、『抱朴子』の著者の葛洪《かっこう》が死後、尸解仙になったとされているのは皮肉な話である。

### 仙人になる骨相

天仙の「飛挙して虚空にのぼる」ことは「白日昇天《はくじつしょうてん》」とよばれ、あちこちにみえる。

上成公《じょうせいこう》は密県《みつけん》の人である。ながいあいだ出かけたままもどってこなかったが、かえってきて家のものにこうつげた。
「仙人となったぞ」
そこで家族にわかれをつげた。家のものがみていると空をどんどん高く歩いてのぼり、しばらくしてみえなくなったという。陳寔《ちんしょく》や韓韶《かんしょう》もいっしょにそれをみていた。(『後漢書』方術伝)

このばあい、霊魂が天にのぼるのではなく、現身《うつしみ》として白昼に空にのぼるのである。こういった天仙になるためには、どうすればよいのだろう。上士・中士・下士という区別には、うまれつきの差をふくんでいるようにみえる。

墨子が周狄山《しゅうてきざん》で修業していた。……神人《しんじん》が素書《そしょ》をさずけ、……墨子につげてこういった。「おぬしには仙骨《せんこつ》がある。それに聡明だ。この書を手に入れると、すぐに仙人となれる。師もいらぬ」(『神仙伝』「墨子」)

墨子は戦国時代に実在した思想家である。本来、神仙思想と直接の関係はない。ただ、『墨子』のなかに幽霊の実在をとく「明鬼《めいき》」篇があり、そのことから後世、道教とむすびつけられた。ここでは墨子自身が仙人となったという話になっている。

この話では「仙骨《せんこつ》」、つまり仙人となりうる骨相《こっそう》が説かれている。

同様のことばに、「仙才《せんさい》」がある。漢の武帝は西王母《せいおうぼ》に、「劉徹《りゅうてつ》（武帝の名）は道を好んではいるが、……おそらく仙才ではない（『漢武帝内伝』）」といわれている。また唐の伝奇小説『杜子春《とししゅん》』でも、声をもらした杜子春は道士に「仙才は得がたし」とためいきをつかせてしまうのである。

**善行をつんで仙人に**

「仙骨」や「仙才」は先天的なもので、「おまえにはない」といわれれば、仙人となる道は閉ざされる。それにたいして、倫理的な善行をつんで仙人となる方法が考えだされた。

本来、昇仙と善行はなんの関連もない。『列仙伝』では、手癖のわるい人間が仙となっているぐらいである。

服閭《ふくりょ》はどこの人なのかわからない。莒《きょ》にすみつき、海辺の祠《ほこら》を行き来していた。祠では、三仙人が瓜をかけてばくちをしていた。服閭に黄いろと白の瓜、数十個をかつがせ、目をつむらせると、そこはもう方丈《ほうじょう》山《さん》であった。この山は蓬莱山《ほうらいさん》の南にある。その後、方丈山と莒を往復し、山上の珍宝珠玉をぬすんでは売りつづけていた。

ある日、頭をそられ赤い衣をきせられ、顔つきは老いぼれのようになっていた。

「どうしたんだ」

とたずねると、

「お廟《びょう》の物をぬすんでつかまったのさ」

とこたえた。

その後、数年たつと顔つきは壮年にわかがえり、髪の毛もむかしのようになった。

服閭は、もと海辺の祠をうろついていた。おそなえでもかすめて食っていたのだろう。たまたま仙人の手伝いをするようになり、仙山である方丈山と莒を往復した。服閭は仙人の宝物をぬすんで売りはらったという。ようするに、こそ泥である。それでも、すこし罪をうけただけで、仙人の恩恵をうけ長生きしている。


かつて黄帝にしたがって天にのぼった七十人も、僥倖《ぎょうこう》をえたとされる。龍や鳳凰《ほうおう》のようにすぐれた人間にくっついていれば、おこぼれをちょうだいできるのである。

『列仙伝』では、「子主《ししゅ》」も仙人の甯《ねい》先生の使用人として、三百年以上の寿命をたもっている。仙人は長命なので、用足しをする下男も長生きしなければいけないわけである。

服閭の話には、仙人になるための道徳的修業、あるいは難行苦行といったものはまるでない。それに仙人じたいが賭けごとをして遊びくらしている。初期の仙人像は、そういった天真爛漫《てんしんらんまん》なものであった。それが『抱朴子』になると、一変してかたくるしいものとなる。

『抱朴子』は『玉鈐経《ぎょくけんきょう》』を引いてこういう。

天仙になるには千二百善をつまねばならない。千百九十九善までつんでも、悪事を一つおこなえばそれまでの善行はすべて消え、またはじめからやりなおさねばならない。

不老不死を得たいというのは、本来、もっとも人間的な生々しい欲望である。かつて不老不死をもとめて狂奔《きょうほん》したのも、横暴な専制君主であった。善行をつんで仙人となることには、不老不死をもとめる欲望にたいする、うしろめたさがあるのかもしれない。

善行の細目は、「対俗篇《たいぞくへん》」にしるされている。

仙を求めるならば、その要は忠・孝・和・順・仁・信をもととすべきである。

いずれも、儒教的徳目である。

後漢ごろの作である『列仙伝』には、こういった儒教の影響は皆無であった。それにたいし、『抱朴子』の著者である東晋《とうしん》の葛洪は、仙道を希求したが、一方では当時の第一級の知識人であり、きまじめな儒者でもあった。

『抱朴子』という書物は内篇と外篇からなるが、内篇は仙道をとき、外篇は時世をなげく儒者の書であるという二重構造をもっている。仙道の達成に儒教的徳目がとりいれられたことも、葛洪にとってはなんら矛盾するものではなかった。

善行をつむという努力によって、「仙骨」や「仙才」を克服する道がひらけた。この考え方はその後、陶弘景《とうこうけい》に継承され、さらに子細に論じられることとなる。「仙人」ということばに道徳的に高尚な人というイメージがただようのは、こういった影響もあるのだろう。ただ、その善行というものが、心の内面を問題にしたものではなく、「一日一善」のように数えられるものであるということは興味ぶかい。

のちに道教では、善行・悪行をプラス・マイナスで計算し点数化する『功過格《こうかかく》』が考案される。キリスト教の免罪符《めんざいふ》にも同様のものがあるが、本来、数えられるはずもない善悪の問題をむりやり数えて点数化してしまうというのは、やはり不思議である。

## 尸解仙の変質

さて、仙人のもととなった尸解仙《しかいせん》だが、後世その概念が変化していく。「死体が消える」というのが尸解仙の最大の特徴であった。ところがその特徴をもたない尸解仙もあらわれてくるようになったのである。

『抱朴子《ほうぼくし》』の作者、葛洪《かっこう》もまた尸解仙となった。歴史書である『晋書《しんじょ》』「葛洪伝」にはつぎのように記されている。かれは八十一歳でなくなったが、

　顔色は生きているようであり、体はやわらかく、屍《しかばね》をもちあげて棺にいれると、空衣のように軽い。そこで世間の人は尸解したとおもった。

葛洪。『本草蒙筌』より

「空衣《くうい》のように」というのは尸解仙に似る。しかし「死体が消える」という尸解仙の特徴がない。これには事実を記さねばならない歴史書の記事、という制約があるのかもしれない。新天師道《しんてんしどう》をとき、道教を北魏の国教とさせた道士、寇謙之《こうけんし》（三六三～四四七年）の死は、『魏《ぎ》書《しょ》』「釈老志」につぎのようにとかれる。

あくる朝になって息がたえた。たちまち口のなかから、けむりのような気がたちのぼった。それは窓からでて空の半ばまでのぼり、消えてしまった。屍がのびた。弟子がはかってみると八尺三寸（約二百四十五センチメートル）ある。三日たってしだいにちぢみはじめ、ひつぎにおさめるときにはかると、六寸（約十四センチメートル）であった。そこで弟子たちは、尸解仙となって変化して去ったのであって、死んだのではないとおもった。

これも史書の記述である。『冊府元亀《さっぷげんき》』所引の『魏書』「釈老志」は、「六寸」が「六尺六寸」に書きなおされている。いずれにしても死体はちぢんだのであり、消えたのではない。またここでは、あきらかに魂がとび去ったようすが記されている。それだと、古代にかんがえられていた「死」となんらかわらない。これらの例においては、「死体が消えること」が説かれていない。尸解仙の内容が変質して、たんなる「死」に近づいているのである。

## ふつうの死とかわらない

陶弘景《とうこうけい》のあらわした『真誥《しんこう》』「運象《うんしょう》」篇には、さまざまな尸解仙の例が説かれている。

人が死んでその形が生きている人のようなのをみれば尸解である。足が青くなく、皮にしわがよっていないものも尸解である。目に光があり、生きている人に異ならないのも尸解である。髪の毛がすべてぬけ、肉体や骨がないものも尸解である。……死んでもまた生きかえるものがある。首を断ち切られて死んだのに、よこから生《は》えてくるものがある。棺におさめるまえに死骸が消えてしまうものもある。人の姿をしているのに骨のないものもある。衣服はのこるが肉体が消えてしまうものもある。髪がぬけて肉体が消えてしまうものもある。昼間に去るのを上尸解という。夜半に去るのを下尸解という。明け方や夕方に去るものを地下主者《ちかしゅしゃ》という。

陶弘景。『列仙全伝』より

ここには、尸解仙の例が多種多様に説かれている。死体が消える本来の尸解仙もたしかにある。しかし、それは多様な尸解仙の例のひとつにすぎず、それは絶対的な条件ではなくなった。死んでも生きているようにみえるだけで、尸解仙なのである。

ここに説く「地下主者」は、「闡幽微《せんゆうび》」篇では亡くなった人のことをさす。たとえば至貞《してい》至廉《しれん》の人は、
死ぬと清らかな鬼となり、二百八十年たって地下主者となり、しだいに昇進して仙官となる。二百八十年で一階級すすむ。

などと記される。「稽神枢《けいしんすう》」篇には、もっともすぐれた「第三等地下主者」はこう説かれる。

三十年で棺のなかの骨に神気がもどり、四十年で生きた人にもどり世間にあそび、五十年で仙官につけられる。

尸解仙は「死」を契機とする仙人である。かつての尸解仙は、死体が消えさるという劇的な効果のため、だれの目にもはっきりと尸解したことがわかった。

一方、「地下主者」もたしかに、「死」を契機としている。けれども亡くなった人、すなわち「鬼」がゆっくりと時間をかけて変身していくものであり、それは外見上ふつうの死と変わらなくなったのである。

『真誥《しんこう》』の作者である陶弘景の死は、『南史《なんし》』につぎのように記されている。

大同二年に亡くなった。ときに年八十五であった。顔色は変わらず、屈仲はつねのようであり、香気が数日ただよった。

「顔色は変わらず」は、葛洪伝の「顔色は生きているよう」と同じである。また「屈仲はつねのようである」は、体が死後硬直しなかったことをいう。これも葛洪伝に「体はやわらかい」ととかれる。「香気が数日ただよった」ことは、鈎翼夫人《こうよくふじん》や薊子訓《けいしくん》の話にあった。陶弘景もまた尸解仙となった。かれは『真誥』で尸解仙の範疇《はんちゅう》を拡大したが、それは結果的に、彼自身の死を尸解仙とさせるためのものであった。

後漢の王充《おうじゅう》は、かつて

身体が死に精神が去って仙人となるというならば、普通の死とおなじことだ。

と批判した。しかし、陶弘景にはその批判はつうじない。かれは普通の「死」から、仙人となる道をひらいたのである。

## 形解

尸解という語の原形と考えられている「形解《けいかい》」について簡単にふれておきたい。この語は、『荘子』「田子方《でんしほう》」篇にまずみえる。そこでは茫然自失《ぼうぜんじしつ》として立ち竦み、口もきけない、といった状況の比喩としてつかわれる。この「形解」をしいて訳せば「からだがバラバラになったようで」といったところか。ここでは尸解仙とはまったく関係ない。

馬《ま》王堆《おうたい》出土の『十問』にはこうみえる。


能《よ》くする者はかならず神《しん》あり。ゆえに能く刑解《けいかい》す。


「刑解《けいかい》」は「形解」とおなじであるが、ここの「刑解」を尸解仙と理解してよいかは疑問である。なぜなら『十問』は「房中《ぼうちゅう》術《じゅつ》」の書であり、そこには尸解仙の具体的な事例が、まったくみえないからである。また「刑解」という語も、わずか一箇所にみえるだけで、それを尸解仙と理解するのはすこし無理がある。

「房中術」については後述するが、「導引《どういん》（柔軟体操）」・「行気《こうき》（深呼吸）」・「辟穀《へきこく》（穀物を食べない）」・「服薬」とならぶ昇仙法のひとつである。房中術の原理は精気を体にめぐらすことにあり、その意味で導引や行気にちかい。

『十問』にみえる「刑解」は、『荘子』の「からだがバラバラになったような」という意味の「形解」を肯定的にとらえ、「からだをリラックス」させる「導引」や「行気」の一種として理解したのかもしれない。

『史記』の「封禅書《ほうぜんしょ》」には、「形解銷化《けいかいしょうか》」の語がみえる。


宋毋《そうむ》忌《き》・正伯僑《せいはくきょう》・充尚《じゅうしょう》・羨門高《せんもんこう》・最後《さいご》はみな燕《えん》の人である（「最後」は人名でないという説もある）。方僊道《ほうせんどう》をなし、形解銷化し、鬼神のことに依《よ》った。

宋毋忌たちは方士である。方士は占いや医術などさまざまな方術を身につけた人たちをいうが、この時代の方士はおもに神仙術にかかわる。『史記』によれば、方士はでたらめをおこなった人間であり、その評価は散々なものである。

その方士の仙道が「方僊道《ほうせんどう》」であり、その内容が「形解銷化《けいかいしょうか》し、鬼神のことに依《よ》る」である。「鬼神のことに依る」というのは巫術のたぐいを連想させる。

「形解銷化」については、後漢の服虔《ふっけん》は、『史記』に注釈をつけて「尸解なり」という。しかし、ここには尸解仙の具体例はなく、このときにすでに後世のような尸解仙があったかどうかは不明である。当時は導引を中心とする養生法が流行していた。ここの「形解」の語も本来、導引・行気に関連づけて理解すべきものかもしれない。

「形解銷化」は「形解」と「銷化」にわけるべきかもしれない。「銷化」の「銷」は本来、金属が溶けることである。その意味でとれば、「銷化」は錬金術に関連する。これは後述する李少君《りしょうくん》の錬金術とつながるものかもしれない。

「銷」には「銷骨《しょうこつ》」という語もある。これは「骨を溶かす」という意味だが、讒言《ざんげん》のひどいことの比喩としてもちいられる。「銷化」を比喩ととれば、「形解銷化」は「体をやわらかくする導引」のこととなる。けれども、文字どおりにとれば、「体がバラバラになり、骨も溶ける」と、遺体が骨ごと消えてしまう尸解仙となる。

導引の比喩から尸解仙へと、意味が移行していったのかもしれない。『史記』の「形解銷化」には、具体的にどうなるかが記されておらず、導引なのか尸解なのかは不明である。けれども、でたらめな方士たちが「鬼神のことに依る」と、巫術的要素をまじえていったとなれば、たんなる健身術としての導引であったとも思えないのである。

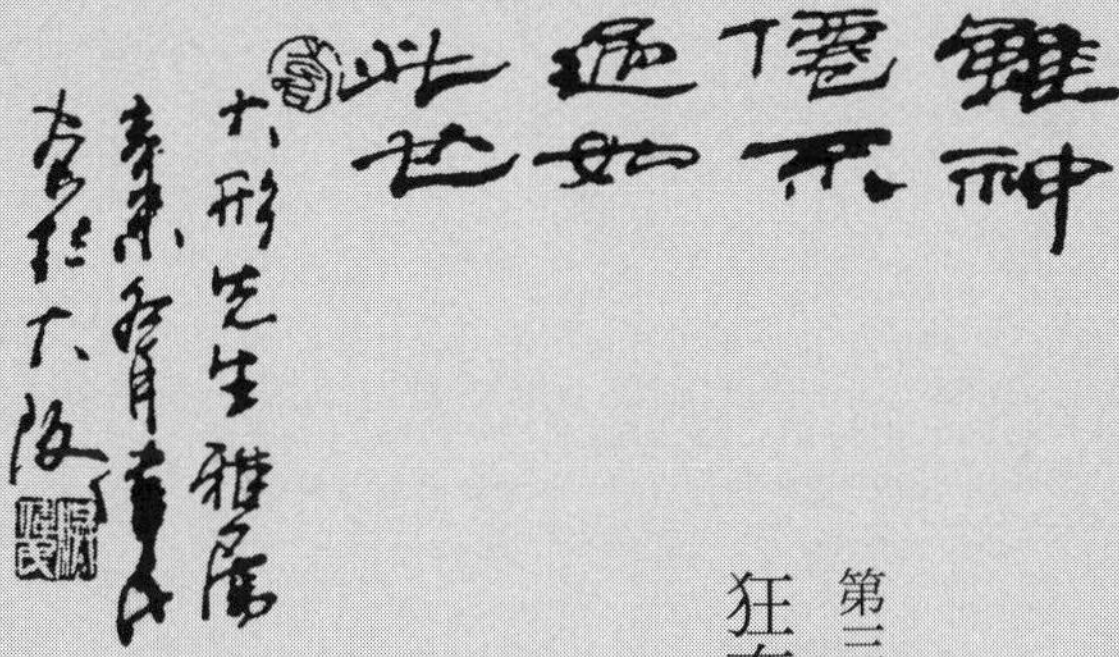

# 第三章
# 狂奔する皇帝たち

## 皇帝が仙人をひろめた

不老不死の仙人や仙薬の話は、『史記』あたりからさまざまな書物にあらわれるようになった。仙人の話は、中国のながい歴史からみれば、それほど古いものではない。仙人の話がひろまるきっかけとなったのは秦の始皇帝であり、それを増幅したのが漢の武帝であった。

かれらはともに、狂的に不老不死をもとめた皇帝として知られている。不老不死の仙人や仙薬の話は、これらの皇帝が仙人や仙薬をもとめた結果、皇帝におもねる方士たちがでっちあげたものであった。

一国の皇帝が仙人をもとめて狂奔《きょうほん》したものだからたまらない。神仙思想は一挙に中国全土にひろがり、虚実ないまぜになった仙人の話があちこちでつくりあげられたのである。ここではそういった皇帝たちが求めた仙人の話を紹介しよう。

秦の始皇帝（紀元前二五九〜二一〇年）は、ながらく分裂していた中国を、強大な武力によって統一した皇帝として知られている。

その政治は法家思想にもとづく。法家思想といえば厳刑重罰主義というイメージがつよい。しかし、その思考法自体は、理性的で合理的なものである。これは非合理でわけのわからぬ神仙思想とは対極にあるものであった。その法家主義の国である秦の皇帝が天下統一以後、神仙思想にのめりこんでしまうのである。

## 四十年をかけた地下宮殿

神仙思想にはいるまえに、始皇帝の地下宮殿である驪陵《りりょう》についてふれておきたい。一九七四年、六千体の武人と軍馬の陶製の俑《よう》が発見された。いわゆる兵馬俑《へいばよう》である。俑とは副葬の人形のことをいう。これは驪陵の東、二キロメートルの地点にあたる。驪陵の全体像はまだつかめていないが、想像を絶する大きさである。

始皇帝は十三歳で秦王の位につくと、すぐに自分の陵墓の建造にとりかかった。生前に陵墓をきずくことを寿陵《じゅりょう》という。似た習慣はいまでも台湾などにのこっている。生前に棺を買いもとめることが多く、棺材のことも「寿木《ショウムー》」という。これは死の準備をしておくほうが、かえって長生きできると信じられているからである。

この地下宮殿は、『史記』「始皇本紀」にはつぎのように説明されている。

秦の始皇帝。『三才図会』より

> 始皇は即位してより驪山《りざん》をうがちはじめ、天下を平定してからは天下の人々七十余万人をおくりこんだ。三泉をつらぬくほどふかく掘り、銅をしきつめて棺の外がわの槨《かく》をつくった。宮殿や百官、めずらしいうつわやふしぎなもの、それらをみなここにいれていっぱいにした。工匠にからくりの弩《いしゆみ》と矢をつくらせ、盗掘しようとするものに射かけるようにさせた。また水銀

で百川《ひゃくせん》・江河《こうが》・大海《たいかい》をつくり、器械じかけで水がながれるようにした。上には星がかがやき、下には山河がある。また人魚の膏《あぶら》でろうそくをともし、ながいあいだ火がきえないようにさせた。

大規模な地下宮殿は、魂がどこかへ飛び去るのではなく、そこに留まることを前提としてつくられているようにみえる。

驪陵は始皇の生前、ずっと作りつづけられ、その死後、二世皇帝の二年にようやく完成した。その間、四十年ちかくかかっている。

**始皇は死後を信じなかった**

これほどの時間と労力をかけた陵墓であるが、始皇は死後の世界をどれほど信じていたのであろう。陵墓は前代からの習慣として作られはじめたものにすぎなかった。その規模のおおきさは、皇帝の権威をしめすものであった。けれども、その規模がおおきければおおきいほど、むしろ、始皇にはむなしいものであったのではないか。

「明器《めいき》」というものがある。「明器」は「神明《しんめい》」にささげるものであり、また「冥器《めいき》」に通じる。後漢には、あの世でつかう家や車馬などがミニチュアでつくられて、死者とともに埋葬された。実物をもちいないのは、生者と死者のすむ世界がことなるからであろう。

それに対して、始皇の陪葬品《ばいそうひん》は、ほぼ実物大で、しかも写実的である。始皇陵の死者の世界は、かぎりなく現実の生者の世界にちかづけようとしている。しかし、そのことは、かえ

兵馬俑

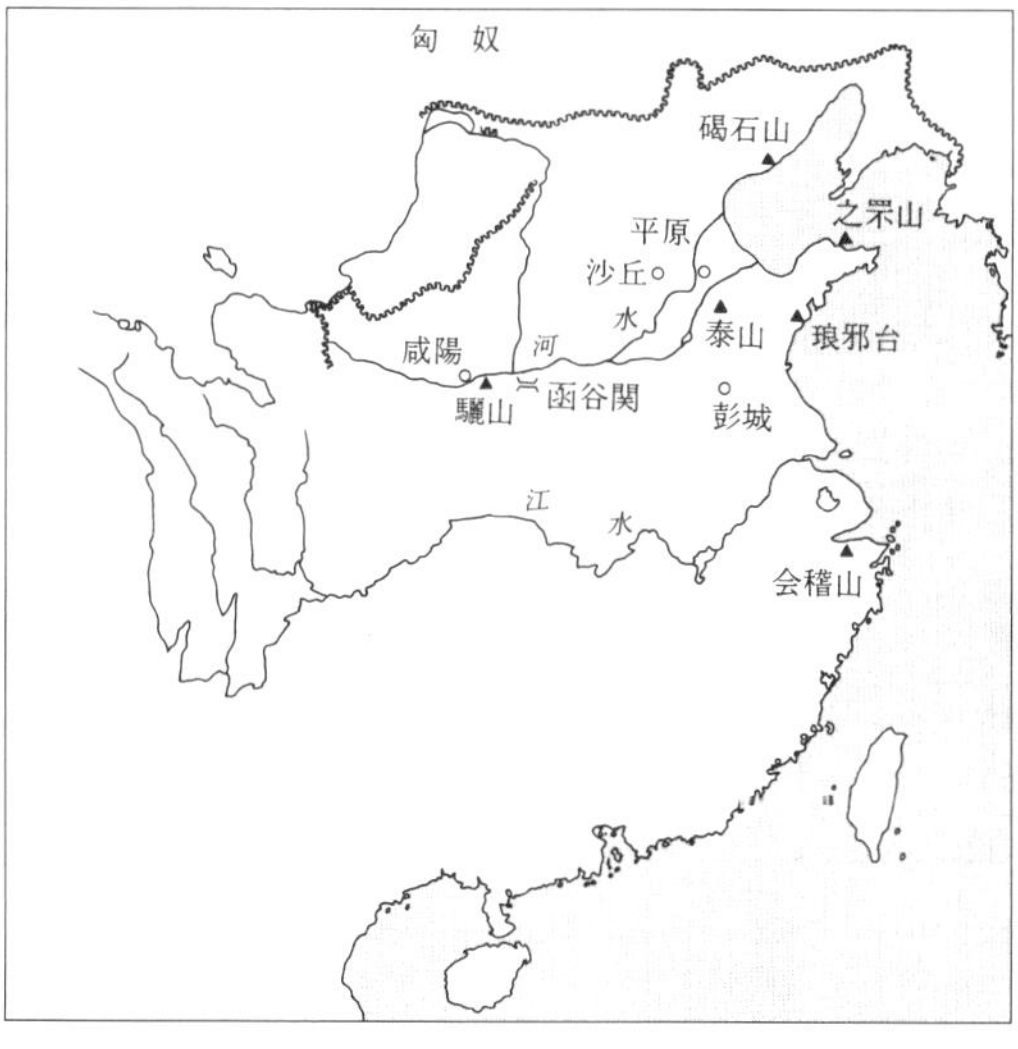


始皇帝関連地図

って人々の心のなかにあった「観念としての死者の世界」をうちこわしてしまったようだ。あまりにも具体的すぎるのである。

造営がすすむ自分の陵墓をみて、始皇はそのなかにはいりたいとねがったのであろうか。それは否《いな》というべきであろう。かれは死後の世界を信じていなかったとおもわれる。死後の世界がなければ、地下宮殿など無意味なものである。

始皇は「死」を恐怖した。始皇が死の病にかかったとき、かれは「死」を口にすることをいみきらい、臣下たちは「死」についていうことをはばかったのである。

始皇陵は項羽《こうう》によって盗掘され、そのあと火災にあったという。『水経注《すいけいちゅう》』によれば、「三十万人で三十日間、物を運んでも、運びつくせなかった。そののち、関東の盗賊が槨《かく》を溶かして銅をとり、羊飼いが迷いこんだ羊をさがして陵に入りこみ、火事をおこした。火は九十日間も消えなかった」という。

## 海中の三神山

戦国七雄のうち、最後まで秦に抵抗したのが東の大国、斉《せい》であった。かつて斉の国には数多くの学者があつまり、百家争鳴の盛況を呈していた。それらの伝統がのこる斉は、文化的には秦よりもはるかにすすんでいた。神仙思想もそういった文化の爛熟《らんじゅく》がうみだしたものであり、秦にはなかったものであった。

西方の内陸部にうまれた始皇帝は海が気にいった。かれは黄海に面した琅琊《ろうや》の海辺の景色に心をひかれ、三ヵ月も滞在する。そこにたくみにつけいったのが斉の方士たちであった。

かれらの説く海のかなたの神仙の世界は、始皇にとって新鮮で魅力的なものであった。始皇帝が天下を統一したのは始皇の二十六年（紀元前二二一年）である。それから二年後、始皇帝の心をまずとらえたのは斉の方士、徐市《じょふつ》であった。かれはつぎのように始皇帝に説いた。

海のなかに三神山がございます。蓬萊《ほうらい》・方丈《ほうじょう》・瀛州《えいしゅう》ともうしまして、僊人がすんでおります。どうか身をきよめ、童男女とともに僊人をさがしにゆかせてくださるようお願いもうしあげます。（『史記』「始皇本紀」）

この三神山の話は、『史記』「封禅書《ほうぜんしょ》」のなかでは、さらにくわしく説かれている。

蓬萊山

斉の威王《いおう》・宣王《せんのう》、燕《えん》の昭王《しょうおう》のころより、蓬萊・方丈・瀛州をさがさせていた。この三神山は、いいつたえによると勃海《ぼっかい》にある。遠く離れているわけではないが、ゆきつこうとすれば、船は風でひきもどされる。だがかつてそこにたどりついたものがいる。そこには僊人たちがおり不死の薬がある。三神山の物や鳥けものはすべて真っ白で、黄金と白銀で宮殿がつくられている。三神山はゆきつくまでは雲のうえにあるようにみえるが、ちかづくと反対に水の下にある。目のまえにみえても風がひきもどし、結局ゆきつけない、といわれている。この話をきき、三神山にあこがれない君主はなかった。

斉や燕の諸侯の時代から、仙人のすむ三神山の話はつたえられていたのである。三神山はじつは蜃気楼《しんきろう》だとされる。「蜃」は「おおはまぐり」、または水にすむ龍、蛟龍《こうりゅう》の一種といわれ、気をはいて楼閣をあらわすとされる。蜃気楼であればふしぎな現象の説明がつく。現在でも山東省の沿海では蜃気楼があらわれる。ただし、楼閣ではなく、無粋にも煙突の林立する工場群がうかびあがるのである。事実は蜃気楼であっても、始皇はそれを三神山と信じた。あるいは始皇自身も三神山の蜃気楼を目にしたのかもしれない。そして始皇帝は、ついに徐市に僊人をさがしにゆかせたのである。

**海神**

ところが徐市は、薬をみつけることができなかった。「始皇本紀《しこうほんぎ》」はつぎのように記す。

方士の徐市たちは、海にはいって神薬をさがしもとめたが、数年たってもみつけられなかった。それに要した費用は多く、始皇帝にせめられることをおそれた。そこで徐市はいつわって、こういった。

「蓬萊の薬は手にはいります。しかしながら、いつも大鮫魚《だいこうぎょ》にくるしめられ、たどりつけません。上手な射手を同行し、みつけしだい連発式の弩《いしゆみ》で射止めたいとぞんじます」

こんないいわけが聞きいれられるはずもないのだが、たまたま、始皇は夢をみた。

始皇は海神とたたかう夢をみた。海神は人のすがたをしていた。占夢《せんむ》博士《はかせ》にたずねると、こういった。

「水神はみることができません。大魚や蛟龍の姿をしてあらわれます。いま陛下はおまつりを十分におこなっておられます。それなのに悪神があらわれています。これはのぞきさるべきです。そうすれば善神をよびよせることができるのです」

占夢博士の夢うらは徐市と口うらをあわせているようにみえる、徐市と通じていたのかもしれない。大鮫魚は「さめ」のことだが、鮫には蛟《みずち》、すなわち水にすむ龍の意味もある。

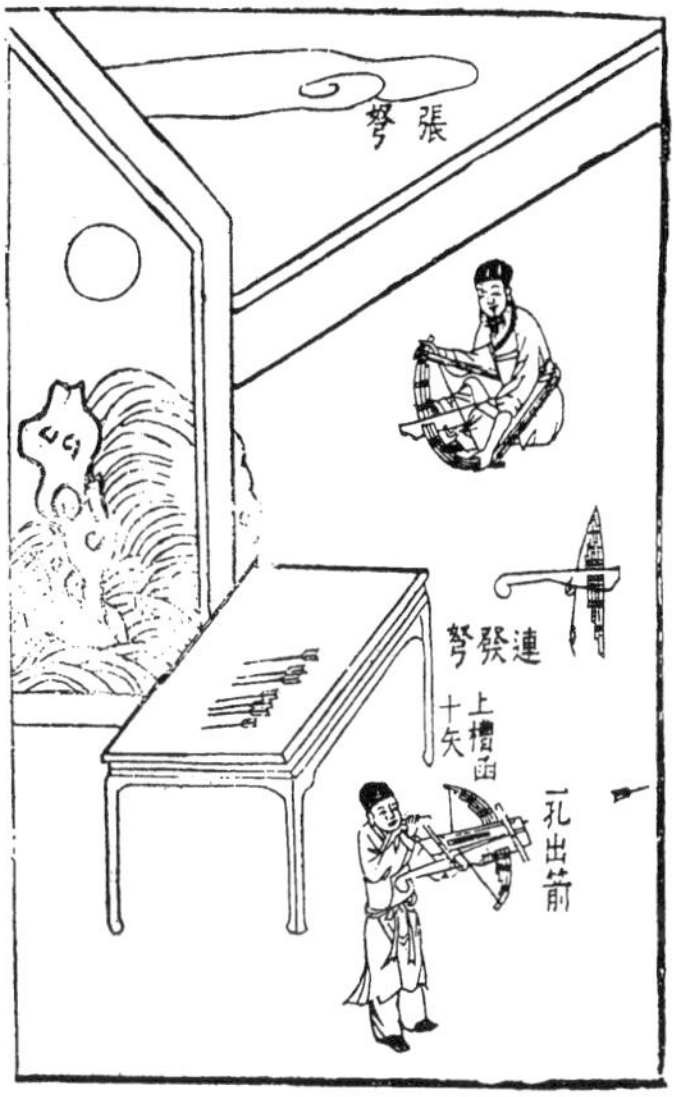

連発式の弩。『天工開物』より

始皇は巨魚をとらえる道具をもたせ、みずから連発式の弩をかまえ、大魚を射ようとうかがった。琅琊《ろうや》から北にむかい栄成山《えいせいざん》についたが、みつけられなかった。之罘《しふ》にいたり巨魚をみつけ一魚を射殺した。そのあと海西《かいせい》にゆき黄河の渡し場、平原《へいげん》につき病気となった。

一魚を射殺したとあるから群れのうちの一尾である。ほかの魚はしとめそこなったわけである。この魚が鮫かどうかはわからないが、なんであっても占夢博士のいう悪神の化身である。

## 徐市のその後

始皇の発病は、このあとすぐに記される。当時、病気は悪鬼によってひきおこされると考えられていた。始皇の病気は、生き残った悪神の祟《たたり》によるものであろう。

始皇はこのあと病気がひどくなり、七月に沙丘《さきゅう》の平台《へいだい》で没した。年わずかに五十であった。不老不死の薬をもらうどころか、かえって命をちぢめたようにみえる。そして始皇の早世が、秦の寿命をもちぢめたのである。

徐市《じょふつ》は徐福《じょふく》ともよばれる。その後のかれについては『史記』に記すところがない。『三国志』「孫権伝《そんけん》」は、始皇の派遣した徐福と童男童女数千人は亶州《たんしゅう》にたどりつき、代々、ふえて数万家となり、ときどき会稽《かいけい》にやってきて交易していたという。

徐福が日本にたどりついたという話は各地にあり、和歌山の新宮市《しんぐう》には墓まである。徐福自身がやってきたとは考えられないが、地理的には十分、可能な距離である。歴史の表面にはあらわれない渡来人は古来、数多くいたであろう。

徐市のつれていった童男童女数千人とはいったい、なんだったのであろう。儺《おにやらい》の儀式では、悪鬼をおいはらうために童子百二十人をひきつれる。それと同様の意味かもしれない。

童は僮《どう》におなじで、本来、奴隷のことである。ここは童子でないとも考えられる。また海神へのいけにえとされたということも十分考えられる。いずれにしても童男童女は、征服した諸侯の国々から調達したのであろう。

蜃気楼の浮島現象

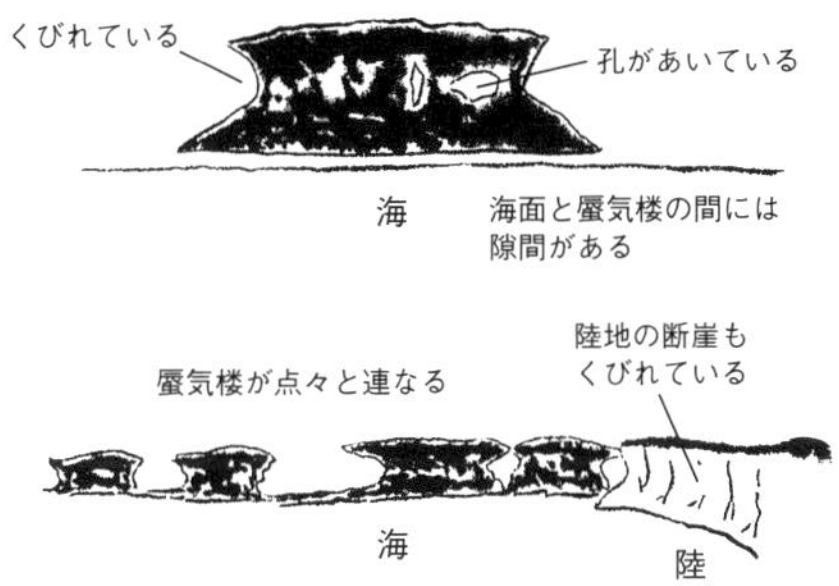


## 燕の方士、盧生

始皇帝に仙人の話を説いたのは、徐市だけではなかった。始皇の三十二年に始皇帝は碣石山《けっせきさん》にゆき、燕の方士である盧《ろ》生《せい》に、仙人の「羨門高誓《せんもんこうせい》」をさがさせた。羨門高誓は羨門と高誓の二人ともされるが、ふつう「羨門高」とよばれる。後世の書物は碣石山上にすむ古仙人だとするが、くわしいことはわからない。ここは仙人の名前があらわれるもっとも早い例である。

そのあと始皇帝は、韓衆《かんしゅう》・侯公《こうこう》・石生《せきせい》といった方士たちにも、仙人や不死の薬をもとめさせている。始皇が仙人をさがしもとめたのは、その人の高潔な教えをきくためではなかった。後世、仙人は道徳的にすぐれた人とされるが、『史記』にみえる仙人にはそういったものはまだない。

仙人は長命の人、不死の薬をもっている人といった漠然としたイメージがあるのみで、具体的な仙人の話もほとんどない。このころには、まだ仙人のイメージはかたまっていないのである。始皇の考えたのも、ふしぎな人である仙人から不死の奇薬をもらいたいというものであった。

さて、命をうけて羨門高をさがしていた盧生が海からもどってきた。仙人をさがせなかったためであろう。鬼神のおつげだといって未来を予言する書である『録図書《ろくとしょ》』をさしだし、「秦をほろぼすものは胡《こ》である」という有名な予言を始皇の耳にいれたのである。

このあたり、盧生のたちまわりはきわめて巧妙である。始皇にとっては、ききずてならないことを上奏し、仙薬をさがしだせないことにたいする始皇の怒りを、みごとにそらせてしまうのである。

「胡」は「えびす」と読める。「胡」とは北方の異民族、「匈奴《きょうど》」のことだ、と理解した始皇帝は三十万の大軍を発し、匈奴を討たせた。

この話には後日談がある。じつは「胡」とは、始皇の子供で二世皇帝となった「胡亥」のことをさしていたのだとされる。実際、二世皇帝、胡亥は在位わずか二年で自殺し、事実上、秦はほろびてしまうのである。

始皇の三十五年、盧生はまだ仙薬をみつけられない。さて、こんどはつぎのように上奏した。

臣下のわたくしどもは仙薬の霊芝《れいし》や奇薬、仙人をさがしもとめていますが、いつもみつけることができません。どうもなにものかに妨害されているようです。君主がときどき、おしのびでおでかけになると、悪鬼をさけることができます。悪鬼をさけると真人《しんじん》がやってきます。君主の居場所を臣下が知れば、神に危害をうけます。

真人というのは水に入ってもぬれず、火に入っても熱くはなく、雲をしのぎ天にのぼり、天地と寿命をひとしくするものです。陛下は天下をおさめておられますが、まだ恬《てん》淡無為《たんむい》の境地には達しておられません。どうか陛下のいらっしゃる宮殿を人に知られないようになさってください。そうすれば不死の薬はかならず手に入ります。

盧生の上奏はおよそ支離滅裂である。かれは君主の居場所を秘密にすれば、害悪をなす悪鬼や悪神にさまたげられず、仙薬を手にいれることができるという。

「真人」は『荘子』の語である。本来、道家思想を体得した最高の境地にある人をいう。

**真人は踵で息をする**

『荘子』「大宗師《だいそうし》」篇にみえる「真人」を簡単に紹介してみよう。

どのような人を真人というのか。いにしえの真人は不幸にさからわず、成功をほこらず、ものごとをことさらになそうとはしない。このような人は過《あやま》ちをおかしても後悔せず、うまくいったからといって自慢しない。高きにのぼってもおそれず、水に入っても濡れず、火に入っても熱くない。これは真実の知が道の境地に達したものである。

いにしえの真人は、ねても夢をみず、さめても憂いがなく、ものをたべても、おいしいとはおもわず、ふかぶかと呼吸する。真人は踵《かかと》で息をするが、人々は喉《のど》で息をする。

いにしえの真人は生をよろこぶこともなく、死をにくむこともない。死からまぬがれてもよろこばず、死ぬことになってもこばまない。ゆうぜんとしてゆき、またゆうぜんとしてもどってくる。そのはじめである生をわすれず、そのおわりである死をもとめない。生をうけてはそれをよろこび、死をわすれては天の道に同化する。……これを真人という。

荘子。『列仙図賛』より

『荘子』をみると、「真人」は死生を超越した人間としてあらわされている。真人は不老不死をねがう人間でもなければ、不老不死を体得した人間でもない。『荘子』にとって「死」は人間の当然の帰結である。死からまぬがれようとすることは本来、かれの思想に反する。

『荘子』は、むしろ「死をよろこぶ哲学」と誤解されたほどであった。『荘子』の「真人」を、盧生はあえて曲解した。「水に入っても濡れない、火に入っても熱くない」というのは、真人の到達した精神的境地をあらわす比喩である。それを文字どおりの意味にとって始皇帝に説いたのである。

その結果、始皇帝は真人にあこがれ、それまで「朕《ちん》」と自称していたのをやめて、「真人」と称するようになったのである。

「踵《かかと》で息をする」というのは、真人が常人と異なることの比喩としてもちいられる。しかし、当時すでにそういう呼吸法があったともされ、後世、発展して踵息《しょうそく》という呼吸法となる。

真人の語はのちに道教のなかにとりこまれ、仙人と同様の意味でつかわれた。その影響は日本の天武天皇が制定した八色《やくさ》の姓《かばね》にまでおよび、その第一位は真人《まひと》とよばれている。

盧生は真人になる方法を説いていない。盧生によれば、真人はなるものではなく、やってきて不老不死の薬をあたえてくれる存在である。ところが、そういった考えは、本来、『荘子』にはまったくない。盧生のでまかせであろう。おそらく、君主の居場所を秘密にするという奇怪な説も、『荘子』とは無縁のものである。巫術《ふじゅつ》の系統をうけついだものであろう。

## 焚書坑儒

始皇は盧生のことばを信じ、都の咸陽《かんよう》から二百里以内の宮殿や楼閣を、復道《ふくどう》や甬道《ようどう》でつないだ。復道とは上下二重になった渡り廊下で、甬道とは両側を塀でかこってなかがみえないようにした道である。

それぞれの宮殿には、とばりをめぐらし、鐘や太鼓をそなえ、美人をあふれさせ、役所は移動できなかった。そして始皇帝の居どころをもらすものは死刑とさだめた。

宦官で、始皇のことばを丞相《じょうしょう》にもらしたものがいた。そのことで始皇は怒り、その場にいた宦官たちはみなごろしになった。その後、始皇のいるところは誰にもわからないようになったのである。

皇帝のいる場所もわからないようでは、まともな政治のできるはずはない。秦の始皇帝は道路を開通し、度量衡を統一するなど、すぐれた業績をのこしている。しかし、仙人説にのめりこみ、おろかなおこないをくりかえしているようすをみると、かれは創業の君主であると同時に、亡国の君主でもあったようにみえる。

始皇帝のあまりのおこないに、盧生はこわくなる。盧生は自分が進言したことはたなにあげ、「始皇はうまれつき、気性があらく、人間性に欠けている」と悪口をまきちらした。そして「そんな人間に仙薬をさがしもとめてやることはできない」といったあげく、侯生とともに姿をくらましてしまったのである。なお、方士の韓衆はすでに雲隠れしてしまっている。

盧生と侯生の逃亡をきいた始皇は怒りくるった。その怒りは咸陽の諸生《しょせい》にむけられた。諸生とは儒生《じゅせい》、つまり儒者をさすことがおおいが、方士もふくまれていたようだ。方士と儒者は微妙にかさなりあう。

諸生は罪をなすりつけあい、結局、四百六十余名が坑《あなうめ》(『史記』では「阬」)にされた。儒学や諸子百家の書はそれ以前に焚《や》きはらわれている。これが史上名だかい「焚書坑儒《ふんしょこうじゅ》」である。

## 不老不死は金で買えない

『列仙伝』「安期先生《あんきせんせい》」の話のなかにも始皇帝が登場する。

安期先生は琅琊《ろうや》、阜郷《ふきょう》のひとである。東海の海辺で薬を売っていた。当時の人々はみな「千歳《せんざい》の翁《おきな》」といっていた。秦の始皇帝が東方に行幸し、安期先生と会うことをのぞんだ。三日三晩語りあかして、始皇帝は安期先生に黄金や璧玉《へきぎょく》を数千万たまわった。ところが、安期先生は阜郷の役所にあらわれ、財宝をみなおいてたちさった。そのとき、始皇に手紙をのこし、また赤玉《せきぎょく》のくつを一足、お礼の品とした。手紙にはこうあった。

「数年たったら、わしをさがしに蓬莱山に来《こ》られよ」

そこで始皇帝は使者の徐市や盧生など数百人に命じて東海に船出させた。ところが蓬莱山にゆきつかないうちに暴風雨にあい、もどってきた。そこで阜郷の海辺の十数ヵ所に祠《ほこら》がたてられたという。

安期先生はふつう安期生《あんきせい》とよばれる。安期生が蓬莱山の仙人であるという話は本来、方士の李少君が漢の武帝に説いたものである。『史記』は李少君が海辺で安期生に会ったという話を記す。また安期生は、黄帝・老子の術である黄老思想をつたえた人物ともされる。

この安期生が『列仙伝』では、始皇帝と語りあったという。そして始皇の蓬莱山探索も、安期生と出会ったことに端を発したとされている。始皇帝は安期生に莫大な財宝をたまわった。これは、始皇が徐市や盧生に巨万の費用をついやし、あつくたまわった事実を反映しているのだろう。ようするに始皇は「不老不死」をその巨大な財力で買おうとしたのである。

　ところが安期生は、そんなものはみなおいたまま立ち去った。『列仙伝』には当時の庶民のすなおな気持ちがあらわれているところがある。暴虐な皇帝が財力にものをいわせたが、意のままにならなかった。こういう話は貧窮な庶民にとっては胸のすくものであったろう。

安期生。『列仙全伝』より

　ところで、安期生ののこした「赤玉のくつ」とはなんなのだろう。「くつ」は、尸解仙の象徴として棺のなかにのこされることがおおい。ここは始皇に「尸解仙となって、赤玉のくつを棺にのこし、蓬萊山に来られよ」という暗示であろう。その意味を理解しえなかった始皇は、徐市や盧生に命じて蓬萊山をさがさせた。船が暴風雨にあったのは当然のことであった。

「数年たったら、わしをさがしに蓬萊山に来られよ」の「数年」が「千年」になっているものがある。宋の趙道一《ちょうどういつ》はそれをうけてこういう。

「千年後にわしを蓬萊山にさがしもとめよ」というのは、仙道が学べるものではないことをしめす。一時の強大な権力でもって、海に入らせ蓬萊山をもとめたとしても、どうして仙道を手にいれられようか。安期生はその道を秘めかくしたのではない。始皇帝が道にいたれなかったのである。(『歴世真仙体道通鑑』)

地上の権力が、かならずしも仙道を得ることにむすびつかないという、痛烈な批判であろう。

## 老いをいかんせん

漢の武帝（紀元前一五九〜八七年）は前漢第七代の皇帝である。十六歳で即位し、在位は五十四年間にわたる。その間、みるべき業績は数多い。

郷挙里選《きょうきょりせん》の法により、天子の手足となる官僚を採用し、専制君主体制を強化した。また黄河の治水、灌漑《かんがい》と移民をおこなった。さらに長年くるしめられてきた匈奴をおいはらい、西域諸国と通じた、等々があげられる。武帝は前漢・後漢を通じてもっとも輝かしい皇帝であり、雄材大略《ゆうざいたいりゃく》の名をほしいままにしたのである。

しかし、その人間性をうかがうと、意外にも荒涼とした精神風景がうかびあがってくる。元鼎《げんてい》四年（紀元前一一三年）、武帝は河東《かとう》に行幸し、地の神である后土神《こうどしん》をまつった。そのあと川に船をうかべ群臣と酒をくみかわした。そのとき武帝は「秋風の辞《しゅうふうのじ》」という詩をつくった。

秋風たちて、ながれ飛ぶのは白い雲
草木《くさき》はいろづき葉をおとし、雁《かり》は南へかえりゆく
蘭《ふじばかま》には花がつき、菊のかおりは芳《かんば》しい
佳人《かじん》をおもいて、忘られぬ
船をうかべて、汾河《ふんが》をわたり
流れのなかに、白波あげる
簫鼓《しょうこ》は鳴りて、舟歌《ふなうた》おこり
よろこびきわまり、かなしみおおし
若きときは、どれほどぞ。せまりくるこの老いをいかんせん

最後の二句は、原文では「歓楽極《きわ》まりて哀情多し。少壮幾時《いくとき》ぞ、老いを奈何《いかん》せん」である。ときに武帝は四十六歳。老いを感じはじめ、人生に焦燥をおぼえだしたのであろうか。ここにみえる「佳人」とは美女のことだが、仙女のことだと解する注釈もある。これから紹介する武帝の神仙説にたいする傾倒ぶりをかんがえれば、その解釈も可能であろう。

**妻子をすてるのは簡単**

斉人《せいひと》の公孫卿《こうそんけい》から、伝説上の皇帝である黄帝《こうてい》の昇仙の話を聞いた武帝はこうのべた。

もし本当に黄帝のようになれるのなら、わしはくつをぬぐくらい簡単に、妻子をすて

さることができるのに。

黄帝は後宮をひきつれて昇仙したという。その話をきいた武帝の反応が、「わしなら妻子をすてさる」、であった。

武帝はあとつぎの昭帝を生んだ鈎翼夫人《こうよくふじん》を、罪もないのに死においやったとされる。この話は『漢武故事《かんぶこじ》』や『三輔故事《さんぽこじ》』などにもみえ、褚少孫《ちょしょうそん》によって『史記』に補筆されている。そこでは鈎翼夫人の不幸に「人々は心をいためた」としるされている。また、臣下の讒言《ざんげん》を信じ、結果的にあとつぎであった戻太子《れいたし》を殺すことになるなど、武帝には人間性の欠陥をうかがわせる話がすくなくない。武帝の昇仙願望は、結局、じぶんひとりが不老不死になりたいという身勝手な欲望であり、人々の共感をうるものではなかった。高祖《こうそ》・恵帝《けいてい》・文帝《ぶんてい》・景帝《けいてい》とつづいた漢の皇帝たちには、神仙思想にふけったものはいなかった。性格にもよるが、政治に手いっぱいでそんな余裕もなかったというのが実情であろう。

　武帝は即位したそのはじめより、はなはだうやうやしく鬼神のおまつりをした。

『史記』の「武帝本紀」は実質上、この文句より書きだされる。武帝という皇帝を凝縮して述べるとこうなる。司馬《しば》

漢武帝。『三才図会』より

遷《せん》はそういっているようにみえる。

もっとも司馬遷と武帝のあいだにはふかい因縁がある。名将、李陵《りりょう》が匈奴に降伏した。わずか五千の軍勢で、匈奴の大軍に立ちむかった結果であった。だれひとり李陵を弁護する者のないなかで、司馬遷のみが李陵をかばった。

そのことが武帝の怒りをかい、司馬遷は宮《きゅう》刑《けい》という屈辱の刑罰をうけた。宮刑とは男性としての能力を削除される酷刑である。

司馬遷の怨みは『史記』を書くことのなかに沈潜していった。『史記』は上古の皇帝からはじまる、いまだかつてなかった大がかりな歴史書である。だが、かれの最大の目的は同時代の天子、武帝の伝記を書くことにあったとおもわれる。

ところがなにゆえか、武帝の伝記である「武帝本紀」を司馬遷は書いていないとされる。現在の『史記』には「武帝本紀」があるが、それは祭祀の記録である「封禅書」とそっくりおなじである。そのため後世のだれかが「封禅書」にもとづいて「武帝本紀」をつくったのだといわれている。

司馬遷は「封禅書」のなかに、「封禅」というおろかしい祭祀をつうじて不老不死をおいもとめた皇帝、武帝のすがたをえがきだした。かれの筆はあくまでも冷徹であったが、それだけに十分な説得力をもっている。

結果として『史記』にみえる武帝は、外征をおこなった華々しい皇帝の姿としては記録されず、方士に翻弄される、みにくくあわれな皇帝として後世につたえられることとなった。それはおそらく司馬遷が意図したところでもあった。

### 神君のおつげ

武帝がまずこころをうばわれたのは、「神君《しんくん》」である。神君というのは女に憑依《ひょうい》した霊である。この霊はもと長陵《ちょうりょう》の女で、子供の死を悲しんで亡くなった。それが兄弟の妻にのりうつった。兄弟の妻がそれをまつったところ、ひじょうにご利益《りやく》があった。武帝の外祖母が神君におまいりし、子孫が尊貴となったとされる。

子孫とは武帝をさすのだろう。武帝は本来のあとつぎではなかったが、幸運にも即位できた。それを神君の加護と感じたのかもしれない。武帝は即位してより、宮中で神君をまつった。神君はそのおつげはきこえるのだが、すがたはみえなかったという。

武帝が病気になったとき、神君におうかがいをたてた。神君は、

天子は病気を心配しなくてよろしい。病気がすこしよくなれば、無理にでも、わたしと甘泉宮《かんせんきゅう》でお会いください。

と述べた。

武帝は、病気がやや回復したときに甘泉宮に行幸し、病気はすっかりよくなった。治りかけたときに呼びよせるというのは巧妙である。

武帝は感激して恩赦《おんしゃ》をおこない、寿宮《じゅきゅう》を建て神君をまつった。神君のもっとも貴いものを大夫《たいふ》とよび、その補佐を大禁《たいきん》といい、司命《しめい》の属はこれにしたがった。

「封禅書」では「大夫」は「太一《たいいつ》」とされる。「太一」は北極星が神格化されたもので、「天帝」、「天皇大帝《てんこうだい》《てい》」ともされる。「天皇大帝」は日本の「天皇」の名称につながる。

「神君」は、そもそも霊の憑依した巫女にすぎなかった。それが武帝の病気をなおしたことにより、長寿をもたらすものにむすびつけられていく。またいつのまにかおおげさなものとなり、天帝である太一神と同一視されるようにまでなる。

太一。『楚辞』「離騒図」より

神君の姿はみえなかった。声はきこえたが、人のことばとおなじであった。気まぐれに訪れてはいなくなり、来るときには風がヒューとふいた。とばりのなかにおり、昼にことばをいうこともあるが、ふつうは夜におつげをのべた。天子はおはらいをして寿宮に入った。太一神のおつげを述べる巫女《ふじょ》を主人として飲み食いし、巫女の望むことは武帝が実行した。

巫女の望むこととは、すなわち「太一神」の望むことである。おもてむきはそうだが、それはやはり巫女自身の望むことであった。武帝は食いものにされていたのである。

また寿宮の北宮をおき羽旗をかざり、おまつりの道具をもうけ、神君をまつった。神君のことばは、人に命じて書かせ、なづけて画法《かくほう》といった。その語るところは、世俗のだれもが知っていることで、とくにかわったものではなかった。けれども、武帝は、ひとりよろこび、そのことを秘密にしたので、世間には知られなかった。

神君の実体はどこにでもいる神がかりの巫女であった。世間知らずの武帝はそれをありがたい神としてまつったのである。

**神君の房中術**

『漢武故事《かんぶこじ》』にみえる神君は、かなりあやしげである。これは武帝の将軍、霍去病《かくきょへい》にまつわる話である。霍去病は驃騎将軍《ひょうきしょうぐん》となり、おおいに匈奴をやぶったが、わずか二十四歳で亡くなった。

霍去病が微賤《びせん》のとき、しばしば神君においのりした。あるとき神君は姿をあらわし、なまめかしいようすで霍去病に交接をせまった。霍去病は拒んで神君をなじった。

「わたしは神君がきよらかだとおもい、斎戒《さいかい》して福をいのったのです。いま淫乱な様子をみせられると、神さまとはおもえません」

そこで二度とおまいりしなくなった。神君もまたはずかしくおもった。そののち霍去病が病気となり、危篤《きとく》になった。武帝は神君にいのったところ、神君はこういった。

「霍将軍は精気がすくなく、寿命はながくありません。わたしはかつて太一神の精気をおぎなって、将軍の寿命をのばそうとしました。ところが将軍はその意味がおわかりにならず、それ以後、わたしのところにはおでましになられません。いま将軍の病は死の病です。救うことはできません」

霊去病はついに亡くなった。武帝は神君のところにゆき、その術をねがいもとめておこなったところ効果があった。おおよそのところは容成公《ようせいこう》の房中術とかわらない。

『漢武故事』はこのあと、神君の兄弟の妻もまたその術をさずかり、百余歳になってもわかわかしい容貌をしていたとしるす。

『漢武故事』は後漢の班固《はんこ》の撰とされているが、堅物《かたぶつ》の儒者、班固の作とはとてもおもえない。「房中術」は女性から精気を吸収して若さを回復する術で、不老長生の仙術のひとつである。ここでは房中術の対象が、神霊にまで拡大されている。神の憑依する巫《みこ》はたいてい女性であるから、そんな話がつくられてもふしぎではない。

## 李少君の方術

方士の李少《りしょう》君《くん》もまた、武帝の心をとりこにした。かれは祠竈《しそう》・穀道《こくどう》・却《きゃく》老《ろう》の術によって武帝におめどおりした。祠竈とは竈神《そうしん》、すなわちカマドの神をまつることである。『礼記《らいき》』には「老婦の祭」とみえる。煮炊きをつかさどるカマドの火への素朴な信仰にもとづくのであろう。カマドの神は、ほかに『論語』や『荘子』など多くの書物にみえる。『礼記』によれば、カマドの神をまつるのは夏である。晋の司馬彪《しばひょう》は『荘子』に注釈して、「カマドの神は赤いころもをきて、美女のようだ」とのべる。『抱朴子《ほうぼくし》』では「月のない夜にカマドの神が天にのぼり、天帝に人の罪状をつげる」とされている。

穀道とは辟穀《へきこく》のことで、穀物を食べないこと。却老とは老をしりぞける、わかがえりの術である。

李少君はもと深沢侯《しんたくこう》につかえており、方術をつかさどっていた。年齢と出身地をかくし、年はいつも七十歳だといっていた。鬼神を使役してわかがえることができた。また方術によって諸侯をめぐりあるき、妻子はなかった。

李少君。『列仙図賛』より

李少君が鬼神を使役し、不死であるという噂をきいて、人々はさらにてあつく贈り物をした。そのため、お金や衣服には不自由しなかった。そこで人々はまた、李少君は仕事もしないのに裕福だ、とふしぎにおもった。

また、どこの人かわからないために、かえってますます李少君のことを信用し、あらそってかれにつかえるようになったのである。

素姓が知れないことは、ふつう不信をまねく。ところが方術者のばあい、かえってそれがふしぎな信用をうみだすのである。

李少君はむかしから方術をこのみ、そのことばはふしぎにもよくあたった。あるとき、李少君は武安侯《ぶあんこう》の宴席にいた。

座中に九十すぎの老人がいたが、李少君は、老人の祖父と狩りにいったことがあるといい、その場所をいった。老人はこどものときに祖父とでかけたことがあり、その場所を知っていたので、一座のものはみな驚いた。

老人というのは昔話をくりかえすものである。李少君はどこかで老人の話を耳にしていたのであろう。かれはこれとほぼ同様の手口をもちいて武帝をだますのである。

李少君は武帝にまみえた。武帝は古い青銅器をもっていた。李少君にたずねると、こうこたえた。

「この青銅器は、斉の桓公《かんこう》の十年に、柏寝台《はくしんだい》という楼閣にならべられていたものです」

その後、青銅器の銘文をたしかめてみると、はたして斉の桓公の青銅器であった。宮中のものたちはみな驚愕し、李少君は神であって数百歳の人だとおもったのである。

青銅器の銘文などあらかじめ見ておけばわけはない。ここも武帝にたずねさせるようにしむけたのであろう。人をだますのは簡単である。とくに武帝は、ほとんど疑うことを知らないようにみえる。

## カマドの神をまつる

武帝を信じこませたうえで、李少君はカマドの神をまつると不死になると説いた。なぜカマドの神をまつると不死になるのか。李少君はこう説明する。

カマドをまつりますと鬼神をよびよせられます。鬼神をよびよせると丹沙《たんさ／しゃ》を変化させて黄金ができます。黄金ができ、それで食器をつくれば寿命をまします。寿命がませば海中の蓬萊山の仙人にあえます。仙人にあって封禅《ほうぜん》の儀式をおこなえば仙人となれます。昇仙した黄帝がその実例です。

とうてい理解できない論理だが、武帝には理解できたようだ。李少君はさらにつづける。

わたくしはかつて海辺にあそび、安期生にであいました。安期生は、わたくしに瓜のように大きな棗《なつめ》を食べさせました。安期生は僊者であり、蓬萊山に通行できるものです。かれは気があえば人にあいますが、あわねば隠れてしまいます。

安期生についてはすでにふれたが、本来、この話のなかで仙人とされたものである。

そこで武帝みずからカマドをまつった。また方士を海につかわせて蓬萊山や安期生たちをさがさせた。そして丹沙や薬物を化合させて黄金をつくろうとしたのである。

李少君にまどわされて、天子の武帝みずから、老婦のおこなうカマドのまつりをおこなったのである。

丹沙から黄金をつくるというのは、アマルガムをさすのであろう。丹沙（丹砂《たんしゃ》・朱砂《しゅしゃ》・辰砂《しんしゃ》）は硫化水銀（HgS）のことである。これは焼くと水銀になる。水銀は特殊な性質をもっており、ほとんどの金属をとかしこむことができる。これをアマルガムという。金もまた水銀にとける。奈良の大仏はもと金色にかがやいていたが、その鍍金《ときん》の技術もアマルガムの応用である。つまり金をとかしたアマルガムをぬったあと、熱をくわえて水銀を蒸気にしてとばすと金がうすくのこるのである。アマゾン川ではいまでも金の採取にこのアマルガム法をもちいている。

中国の錬丹《れんたん》、金丹《きんたん》とよばれるものは、ほとんどがこのアマルガムの技術にもとづいている。李少君が丹砂から黄金をつくりだしたというのも、あながち嘘ではないだろう。最初から金をとかしこんであるアマルガムをもちいて、水銀を蒸発させれば、金はとりだせるのである。またここのカマドは、後世の錬丹の炉の原形になるのかもしれない。

ここまでは一種の錬金術である。しかし、ここでは金をつくること自体が目的ではない。

金ならば皇帝はうなるほどもっているのである。また、後世は金液（アマルガム）を直接、服用したが、ここではその金で食器をつくるとのべられている。

## みすてられた武帝

しばらくして李少君は病死した。ところが武帝は、化去《かきょ》したのであって、死んだのではないとおもった。

「化去」とは仙人となることである。病死した李少君をまだ信じて仙人となったとおもいこんだ武帝は、なんとおめでたい天子なのだろう。だが後世、李少君が仙人となったとみなすものもある。『史記』の注釈に引用される『漢書起居《かんじょききょ》』はこうのべる。

李少君は仙人となって去ろうとしていた。あるとき武帝は夢をみた。李少君とともに崇高山《すうこうざん》にのぼると、道のなかばで龍にのった使者があらわれ、雲間からこういった。

「太一神さまが李少君どのをおよびです」

夢からさめた武帝はおつきのものにこういった。

「李少君は朕をみすてて仙去しようとしている」

数ヵ月たって李少君は病死した。棺をひらいてみると、ただ衣冠のみがあった。

これによれば李少君の昇仙は、あらかじめ夢によって知らされていたことになる。またその昇仙も、「棺をひらくと死体がない」という尸解仙になったとされるのである。けれども、ここでは結局、武帝は李少君にみすてられているわけである。『神仙伝』でも、ほぼ同様の話を記す。そこでは李少君が武帝のぜいたくずき、いろごのみ、戦争ずき等々をなじり、そのあげく、やはり武帝をみすてて昇仙してしまったとされている。

李少君ののちも、武帝のまわりには、方士たちがいれかわりたちかわりあらわれた。謬忌《びゅうき》は泰一《たいいつ》、すなわち太一神をまつることをといた。太牢《たいろう》をもちいて東南の郊外でまつり、壇をもうけて八方向の鬼道をひらくという。

太牢は、牛・羊・豕《ぶた》の犠牲をそなえることである。これは天子や諸侯が社稷《しゃしょく》、すなわち土地や穀物の神をまつるときにもちいたものである。

ほかにもさまざまな神々がまつられた。黄帝をまつるには梟《きょう》と破鏡《はきょう》をもちい、冥羊《めいよう》には羊をもちい、馬行《ばこう》には青の牡《くろげ》馬をもちい、泰一・皋山《こうざん》・山君地長《さんくんちちょう》には牛をもちい、武夷君には乾魚《かんぎょ》をもちい、陰陽使者には牛をもちいることが奏上され、武帝はその通りにさせた。

神々が次からつぎへとふえてゆき、いけにえも、おどろおどろしいものとなっていった。そのとき神獣の一角獣があらわれた。一角獣は麃《ほう》のようであった。麃《ほう》は大鹿のことで、尾は牛のようで角が一本とされる。役人はそれを「麟《りん》」だといって上奏した。そして天子の祭祀が厳粛であったので天帝がくだされたのだ、ともうしあげたのである。

「麟」とは、いわゆる「麒麟《きりん》」のことで、太平の世にあらわれる仁獣だとされる。つまり天子がよい政治をおこなっているときに、天がそれをほめてくだす瑞祥《ずいしょう》なのである。

孔子のときにも「麟」があらわれた。孔子はそれを、乱れきった世にまちがってさまよいでた、とうけとった。そして涙をながしてなげいたのである。

武帝はもちろん、自らの善政のあかしと信じた。

## まとわりつく方士たち

その後も、武帝にまとわりつく方士は絶えなかった。

斉人《せいひと》の少翁《しょうおう》は死者をよびだすことができた。武帝はいまは亡き王夫人を、とばりのなかからのぞみみることができた。その功で、少翁は文成将軍《ぶんせいしょうぐん》となった。ところが少翁は泰一神などの諸神をよびだすことができなかった。くるしまぎれに、かれは帛《きぬ》に文字を書き、牛にのませてこういつわった。

「この牛の腹のなかに奇妙なきざしがみえます」

牛を殺して手紙をそえたが、そこには奇怪なことが書いてある。武帝は不審におもい、しらべさせると、はたして少翁自身の筆跡であった。そこで武帝は少翁を誅殺《ちゅうさつ》した。

少翁を殺して武帝は後悔した。いそいで殺しすぎた。少翁はもしかすると、まだなにか方術がつかえたかもしれなかったのにと。その心のすきまをうずめたのが欒大《らんだい》であった。欒大はもと膠東王《こうとうおう》につかえていた方士である。かれはこういった。

孔子と麟。『三教源流捜神大全』より

わたくしはかつて海中を往来し、安期《あんき》・羨門《せんもん》たちにあいました。……かれらは、膠東王は諸侯だから仙方をさずけるにたりない、とおもっています。……わたくしの先生はこうおっしゃいました。「黄金はつくれる。黄河は決壊してもふさげる。不死の薬は手に入る。僊人はよびよせられる」と。

膠東王は諸侯なので仙方をさずけられない。これは、皇帝である武帝には資格があるということである。おもわせぶりなことをのべた欒大は、武帝にクギをさすこともわすれなかった。

わたくしは少翁のようにはなりたくございませんので、方術のことは口にしません。

武帝はあわてて、少翁は馬の肝を食って中毒して死んだのだ、といいわけした。かくして、こんどは欒大が信任された。かれは将棋のコマどうしをかってに戦わせるといった方術ができた。これは磁石を用いたらしい。少翁といい、欒大といい、方士はこういった方術をたくみにおりまぜた。それによって自己の説を神秘化させ、武帝を信用させたのである。

欒大は五利《ごり》将軍・天士《てんし》将軍・地士《ちし》将軍・大通《だいつう》将軍などに任命された。だがこの欒大もまたいつわりがばれて武帝に誅殺される。

## 宝鼎の出土

武帝のときに、汾陰《ふんいん》から鼎《かなえ》が出土した。鼎は三足の青銅器で、祭祀に用いた。もとはこれで犠牲を煮て、上帝や鬼神をまつったとされる。鼎は伏羲《ふっき》や黄帝、それに夏王朝の始祖である禹などがつくったとされる。禹のつくった九鼎は夏・殷・周と歴代の王朝にうけつがれ、周の滅亡後、川にしずんだ。伝世の宝器である鼎の出現もまた聖天子の出現を祝う瑞祥だとされた。鼎の出現を黄帝の昇仙とむすびつけたのが、斉人の公孫卿《こうそんけい》である。

今年、宝鼎が手にはいりました。冬の辛巳の日は、ついたちが冬至で、黄帝のときとおなじです。わたくしのもっております書物によれば、黄帝は苑侯《えんこう》より、宝鼎を手にいれました。……三百八十年たって黄帝は仙人となって天にのぼりました。

この上奏文のとりつぎをたのまれた所忠《しょちゅう》は、内容があまりにばかげているので、とりつがなかった。それでも公孫卿はつてをもとめて上奏し、武帝はおおいによろこんだ。めしだされた公孫卿は武帝にこう述べた。

わたくしは申功《しんこう》からこの書物を手にいれました。申功はすでにこの世におりませぬ。……申功は斉人です。安期生と知りあいで、黄帝のことばをうけついでおります。ほかに書物はなく、この『鼎書《ていしょ》』をあらわしたのみです。この書物にはこう書いてあります。

「漢が興隆したのは黄帝の時にあたっております。漢の聖者は高祖（劉邦）さまの孫か曾孫にあたっております。宝鼎が出現すれば神と通ずるために封禅します。これまでに封禅をおこなったものは七十二王ございます。そのうちでただ黄帝のみが、泰山にのぼって封禅の『封』の儀式をとりおこなったのです」

申功はまたこう申しておりました。

「漢の皇帝もまた泰山にのぼって『封』の儀式をとりおこなうべきです。そうすれば仙人となって天にのぼることができます」

公孫卿は、申功という人物にたくして神秘的な説をのべた。もちろん申功とは、公孫卿自身のことであろう。かれは武帝に、封禅をおこなえとは一言もいっていない。けれども武帝は高祖の曾孫にあたる。泰山にのぼって「封」をおこなう皇帝とは、武帝をさすのである。

黄帝。『列仙図賛』より

黄帝の昇仙のようすは、公孫卿によってつぎのようにかたられる。

黄帝は首山の銅をとり、荊山《けいざん》のふもとで鼎をつくりました。鼎ができあがると龍がやってきて、ひげをたらして黄帝をむかえました。黄帝は龍にまたがり、臣下たちや後宮の女官たちのなかで、つきしたがって龍の背にのぼったものは、七十余人におよびました。
龍はそらへとのぼりはじめました。小臣たちは龍の背にのぼることができず、みな龍のひげをつかみました。すると龍のひげはぬけ、黄帝の弓をおとしました。人々は仰ぎみましたが、黄帝はすでに天にのぼってしまいました。そこで弓と龍のひげをだいて号泣したのです。それで後世、その場所を鼎湖《ていこ》その弓を烏号弓《うごうきゅう》とよんだのです。

武帝はこの話をきいて、さきにふれたように

ああ。わしがもし黄帝のようになれるのなら、妻子などは、くつを脱ぐように簡単にすてされるのだが。

という感嘆の声をもらしたのである。
いつのまにか宝鼎と黄帝と封禅が、複雑で神秘的な理論によってむすびつけられていた。

**封禅の意味**

封禅については、くわしいことはわからない。泰山にのぼり天をまつることが「封《ほう》」で、ふもとの丘、梁父《りょうほ》で地をまつることが「禅《ぜん》」だとされる。伝説によれば、過去におおくの王がおこなった。しかし、武帝以前の歴史上、確実な封禅は秦の始皇帝のものしかない。

始皇帝は神仙説にひどく固執した。ところが始皇帝の封禅は、神仙説とはまるで関係がない。始皇帝は受命《じゅめい》の天子の報天儀礼《ほうてん》として封禅をおこなっているのである。「天子」とは「天の子」であり、天が命じて天下をおさめさせる。中国のこの伝統的な考え方にのっとって、始皇帝は天をまつる「封禅」をおこなった。それは民衆にたいして、自分こそが中国を統一した天子である、と告げ知らせる示威行動でもあった。

初代の天子である始皇帝は封禅をおこなう必要があった。ところが武帝は、漢の建国後六十年あまりをへて即位した、七代目の天子である。本来、封禅をする必要はまったくなかった。

公孫卿は神仙をさがし、仙人の足跡をみつけたと報告した。雉《きじ》のようなものが緱氏城《こうしじょう》のうえを往来したという。封禅にむけて神仙の存在がにわかに現実味をおびてきたわけである。武帝もまたその足跡をみるために、わざわざ緱氏城をおとずれている。

武帝は行幸して黄帝の冢《つか》を橋山《きょうざん》でまつった。まつったあと、ふと不審におもった。黄帝は不死だときいているのに、いまここに冢があるのはどうしてか。武帝もまるっきりのバカではない。当然の疑問がおこった。

黄帝にかんする伝説は戦国時代からさまざまにいわれはじめた。しかし、そこには黄帝が不死だというものはない。黄帝の昇仙伝説は、武帝におもねるやからがつくりだしたものである。そういう意味では、武帝の仙人になりたいという願望が、黄帝を仙人につくりかえてしまったともいえる。

ある臣下が機転をきかせてこういった。

黄帝は仙人となって天にのぼりました。臣下たちはその衣服と冠を葬ったのです。

すべてが武帝の昇仙願望を軸に動きはじめていた。いまさら、それをひきもどすことはできなかった。裸の王様、武帝のまわりには、媚びへつらう臣下ばかりがいたのである。なお、ここにみえる「衣服と冠」というのは尸解仙に通ずるところがある。

**巨人と老人**

封禅の儀式は最初、儒者たちにまかされていた。ところが儒教の経典には、封禅の儀式のことなどのっていない。そのため、ほかの祭祀から類推して説明しようとしたが、くわしくきかれると、はっきりと説明できない。

また、『詩経《しきょう》』や『書経《しょきょう》』といった古典の文字づらにこだわって、儒者のあいだでも意見がまとまらない。そうこうするうちに、儒者たちはみな封禅の儀式から外されてしまった。

斉人の丁公は九十余歳であったがこういった。

封禅の封とは不死になるということでございます。

封がなぜ不死なのかという説明はまったくない。だがそんなことはどうでもよい。仙人とみまがう九十余歳の老人がそう言い放つだけで十分なのである。丁公はつづけた。

秦の始皇帝は泰山にのぼって、封の儀式をとりおこなうことができませんでした。陛下は、おのぼりになろうと思《おぼ》し召されたら、すこし、おのぼりになられて、もし風雨にあわなければ、一気にのぼって、封の儀式をなさいませ。

実際には秦の始皇帝は泰山で「封」の儀式をおこなっている。ただし、そのあと下山の途中で突然の風雨に遭った。丁公のいう「風雨」とはそのことをさす。もちろん、これはたんなる自然現象ではなく、泰山の神、あるいは天帝の怒りをしめすとうけとられた。そして始皇帝には封禅をおこなう資格がなかった、と解釈されたのである。

公孫卿は数千人をひきいて、蓬萊山の仙人をさがしにでかけていた。ある夜、身長が数丈（一丈は二百二十五センチメートル）もある巨人をみつけた。おいかけたのだが見失った。しかし禽獣のような巨大な足あとがのこされていた。べつの臣下たちは、犬をつれた老父にであった。老父は、

巨公《きょこう》（武帝をさす）に会いたい。

といったかとおもうと、忽然と消えてしまったという。武帝は巨大な足あとをみても信じられないようすであった。だが、老父の話には、これは僊人だとおもうようになった。

## 封禅の儀式

さていよいよ封禅の儀式がおこなわれた。

天子は梁父《りょうほ》で、礼にもとづいて、地の神である地主《ちしゅ》神をまつった。乙卯《いつぼう》の日に、侍《じ》中《ちゅう》や儒者に正装させて射牛の儀式をおこなわせ、泰山のふもとの東で「封《ほう》」の儀式をおこなった。

それは郊外で太一神をまつる儀式のようであった。封（祭壇のつちもり）の幅は一丈二尺（二百七十センチメートル）で、高さは九尺（二百二センチメートル五ミリ）あり、その下には玉牒《ぎょくちょう》書《しょ》がおかれた。書の内容は秘密とされた。

礼がおわり、天子は侍中で奉車都尉《ほうしゃとい》の霍子侯《かくしこう》だけをつれて泰山にのぼった。そこでもまた封の儀式をおこなった。その儀式の次第は内密にされた。つぎの日、山の北側をくだっておりた。

封禅の「封」とは、土盛りして祭壇をきずくことである。『山海経《せんがいきょう》』には、山の神をまつるときに玉《ぎょく》をうずめることがしるされる。『山海経』は巫の書とされる。そこには古来つたわる巫の儀式の断片がうかがわれる。

儒教の書物にみえる祭祀の方法も、じつはこういった巫の儀式をうけついでいる。地の神をまつるときには、玉や犠牲を地面にうずめた。地中に神がいるからであろう。また山をまつるときには玉をうずめ、川をまつるときには璧《へき》を沈めるとされる。玉は山川の神々にささげるものであった。

封の儀式の「玉牒書《ぎょくちょうしょ》」とは何なのだろう。「玉」は山川の神の祭祀につうずる。「牒」は木簡である。文字を記す、うすい木のふだ、のことである。「玉牒」は、玉でかざられた木簡、あるいは玉でつくられた「ふだ」であろう。

「玉牒書」の内容は秘密にされた。天をまつる祭文であろうと考えられているがよくわからない。「玉牒」には天子の系図という意味もある。封禅は本来、天命をうけた天子が天をまつる儀式であったので、天子の系図であってもおかしくはない。清《しん》の方望渓《ほうぼうけい》は「登僊のことを祈ったのだろう」と述べる。おそらく、そうだろう。

封禅の祠は、その夜ひかりかがやき、昼は封《つちもり》のなかより白雲がわきおこったという。きらびやかな封禅の儀式はおわった。方士たちはこれで蓬萊山にゆきつけますと口々に述べた。武帝もよろこんで斉の海辺にでかけ、蓬萊山をのぞみみようとした。

ところがなんたる不吉なことか。ただひとり武帝に同行して泰山にのぼった霍子侯がにわかに病気となった。そしてわずか一日にして死んでしまったのである。武帝はあたふたと斉の海辺を離れた。

封禅にちなんで年号は「元封《げんぽう》」とかえられた。公孫卿は東萊山《とうらいさん》で神人をみたと上奏した。その功でかれは中大夫《ちゅうだいふ》にとりたてられた。武帝は東萊山にゆき、数日、逗留したがなにもみなかった。ただ大人《たいじん》の足あとをみつけた。そこで武帝は方士を数千人も派遣し、神怪をもとめ、不老不死の芝《し》薬《やく》をさがさせた。

司馬遷は武帝の行動を執拗に記録したあと、こう述べる。

方士たちは神人をさがし、また、そのおまつりをした。そして海にはいり蓬萊山をもとめた。けれども結局、なんの効験《こうけん》もなかったのである。公孫卿は神人をさがし、大人《たいじん》の足あとをみつけた。ところが、それもまたなんの効果もなかった。

武帝は方士のでたらめに嫌気がさしていた。けれども方士との連絡を絶たず、いつかは真人に会いたいとおもっていた。そののち、方士の神をまつるものは、ますます多くなった。しかしながら、その効験のほどは、みてよくおわかりであろう。

歴史家の仕事は事実を記録することにある。司馬遷のあらわした武帝の記録は、事実がそれだけで十分に政治批判となりうることをしめしている。

## 西王母の伝説

武帝の伝説は数多い。なかでも『漢武帝内伝《かんぶていないでん》』は代表的なものである。この書は後漢の班《はん》固《こ》撰、あるいは晋の葛洪《かっこう》撰などとされるが、六朝《りくちょう》時代につくられたものであろう。漢の武帝は「西王母《せいおうぼ》」と出会い、昇仙したことになっている。

武帝の父、景帝は、赤い彘《てい》（こぶた）が雲のなかからおりてきて、崇芳閣《すうほうかく》に入った夢をみた。はたして霧のような赤い龍が崇芳閣にまきつくというふしぎがおこり、十四ヶ月で武帝がうまれた。

かれは、おさないときから儒教の経典などを数万言も暗唱した。「聖徹人《せいてつひと》に過《す》ぐ」ことから、劉徹《りゅうてつ》と改名したという。即位してから神仙の道をもとめた。

ここには蓬萊山の仙人や泰山の封禅のことは記されず、「西王母」とのやりとりが中心となっている。西王母は崑崙山《こんろんさん》にすむ女神である。『山海経《せんがいきょう》』には「人面虎歯豹尾《じんめんこしひょうび》」と記されている。半獣半人の神である。

西王母のばあいは半獣半人から、しだいに美しい仙女へと変貌していった。『漢武帝内伝』では、年のころ三十ばかり、「容顔絶世《ようがんぜっせい》」とされている。

西王母は七月七日の夜に群仙数千をひきい、はなばなしく舞い降りた。彼女は武帝のために宴席をもうけ、地上にはない珍味美酒でもてなした。そのとき仙桃《せんとう》が供された。

玉《ぎょく》の皿に仙桃が七つ盛られている。大きさは鴨のたまごのようで、かたちはまるく青かった。侍女がさしだすと、西王母はそのうち四つを武帝にあたえ、三つを自ら食べた。桃はあまく口のなかにおいしさがひろがった。

食べおわって武帝は種をふところにしまった。西王母がたずねると武帝は、

「種をまくつもりです」

とこたえた。西王母はいった。

「この桃は三千年にひとたび実をむすびます。それに中国は土地がやせており、まいても芽がでないでしょう」

そこで武帝は種をまくことをやめた。

天界と地上では時間の単位がまるでことなる。たとえ地上でみのったとしても、武帝が食べることはできないのである。

西王母のみたところ、武帝はみどころがないわけではない。けれども、

武帝の肉体はしまりなく、精神はけがれ、脳はみだらで血はもれ、五臓はきよらかでなく、あとつぎはいれかわり、骨にはうるおいがなく、脈は浮いて逆流し、肉はおおく精はすくない、瞳はおだやかでなく、体内にすみ天帝と連絡する三尸はみだれ、房事はときをうしなっている。武帝には仙道をかたってもよいが、仙才はないであろう。

と否定的な見方をされている。

西王母によびだされた神仙の上元夫人《じょうげんふじん》も武帝にこう述べた。

なんじが方士をまねき、山川の神をまつり、まつりにつとめても、うまくゆかないのはわけがあります。そのうまれつきの性質は暴《ぼう》・淫《いん》・奢《しゃ》・酷《こく》・賊《ぞく》です。これは五臓のうちにやどっています。これをとりさるには、やさしい心をもって善行をつみ、淫乱や奢《しゃ》侈《し》のこころをすて、身をきよめて穀《こく》絶《だ》ちをしなければなりません。

武帝は、西王母や上元夫人から『五岳真形図《ごがくしんぎょうず》』・『霊光経《れいこうきょう》』などの経典をさずかった。そして、それを編集して一巻として黄金の箱にいれていた。

ところが武帝は徳をおさめるどころか、大規模な宮殿をたて、戦争をおこしては民を苦しめた。そののち、柏梁台《はくりょうだい》が火事となった。この火事のことは『史記』にもみえ史実である。『漢武帝内伝』では、このときに経典類十四巻が焼失したのか消えてしまったと述べる。火災は西王母がくだした。武帝が教えにしたがわないために、天罰がくだされたのである。

そのような武帝ではあったが、崩御したのち尸解仙となったとされる。武帝の棺がおのずからうごき、声がきこえ、ふしぎな芳香がしたと記される。ただし、『漢武帝内伝』には「仙の下《げ》を得る者は、みなまず死に……そののちやっと尸解して去る……」と述べられ、武帝はやっとのおもいで仙の下《げ》を得たとされているのである。

西王母。『三才図会』より

上元夫人と一角獣。『列仙図賛』より

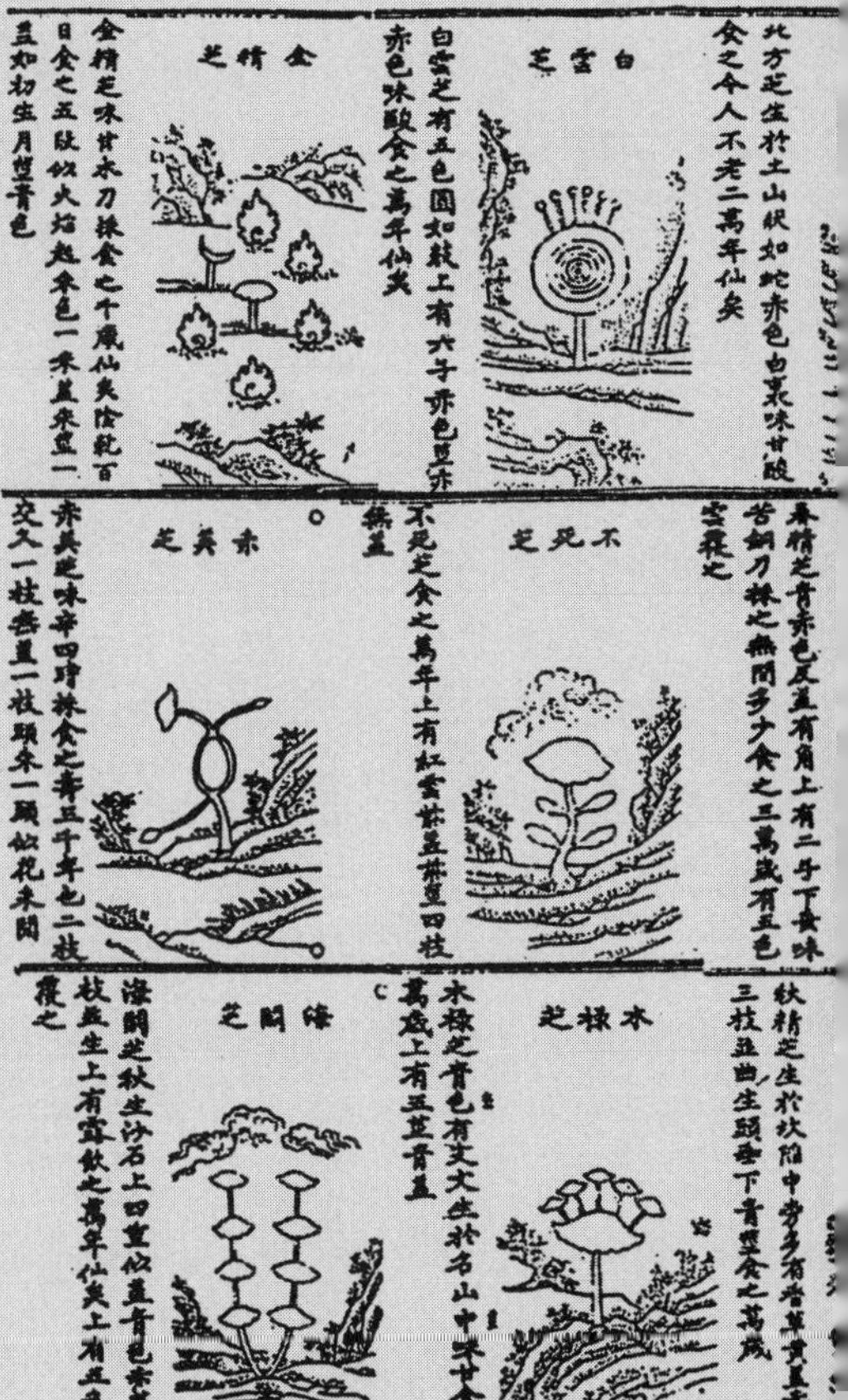
北方芝生於土山狀如蛇赤色白裏味甘酸
食之令人不老二萬年仙矣
白雲芝
白雲芝有五色圓如鼓上有六子赤色
赤色味酸食之萬年仙矣
金精芝
不死芝
赤英芝
木祿芝
海闕芝

# 第四章　不老不死の仙薬

北方芝
春精芝
秋精芝

## 食物と気

不老不死の仙人となる方法にはいくつかある。第四・五章では、そのなかの代表的なものである「服薬（薬物の服用）」・「辟穀《へきこく》（穀物を食べない）」・「導引《どういん》（柔軟体操）」・「行気《こうき》（呼吸術）」・「房中《ぼうちゅう》（男女交接の法）」をとりあげてみたい。

薬物の服用により仙人となることは、昇仙の方法として最も基本的なものである。服用する薬物は「仙薬《せんやく》」とよばれる。人間は食物を食べて生きているが、薬物も口からとりいれるかぎり食物の一種である。「服薬」の原理は、口から薬物をとりこみ、体質を仙人へと変化させることにある。

「辟穀」は、仙人となるために害となる穀物を食べないことである。このとき辟穀薬を使用することもある。「導引」・「行気」・「房中」は、食物以外に人間の身体にとりいれるものである「気」にかんする長生術である。

もちろん「気」だけおさめて食物はどうでもよいわけではない。その意味で、服薬・辟穀・導引・行気・房中は微妙に関連しているのである。

仙薬には、一度のむだけで不老不死の仙人となれるものもあれば、のみつづけなければ効果のないものもある。また仙人から薬をもらうこともあれば、みずからの手でつくりだそうとするばあいもある。本章はそういった仙薬のさまざまについて紹介してみたい。

## 罷免された本草待詔

漢方の薬物をさして本草《ほんぞう》とよぶ。その学問を本草学とよび、日本でも江戸時代にさかんであった。この本草ということばの起源は、じつは仙薬とふかく関連している。

後世、本草はたんに薬物をさすようになる。明の李時珍《りじちん》（一五二三～一五九六年）の『本草綱《ほんぞうこう》目《もく》』になると、千八百七十一種の動物・植物・鉱物を分類してのせている。こうなると百科事典である。

ここではまず、本草という語の生まれた背景をあきらかにしながら、当時の不老不死をもとめる神仙思想について紹介してゆきたい。

漢の時代に本草待詔《ほんぞうたいしょう》という官職に準ずるものがあった。

これは、

　方薬・本草にくわしいことで天子にめしだされ、詔《みことのり》すなわち天子のおことばを待つもの。

という意味である。

漢の武帝の死後、五十年あまりをへて成帝（在位紀元前三三～七年）が即位した。このころ、神の出現を候《うかが》う方士がおまつりをする祠が、国内に六百八十三箇所もあった。

「神の出現を候《うかが》う方士」とは、神仙をみつけだして不老不死の仙薬を手にいれ、それを天子に献上しようとしたものたちをいう。

成帝の丞相（総理大臣）の匡衡《きょうこう》は、上奏してこれらの祠を整理した。そのなかには、武帝の時代の薄忌泰一《はっきたいいつ》、三一《さんいつ》、黄帝《こうてい》、冥羊《めいよう》、馬行《ばこう》、泰一《たいいつ》、皐山山君《こうざんさんくん》、武夷《ぶい》、夏后啓《かこうけい》の母石《ぼせき》、延年……など、それに宣帝（在位紀元前七四～四九年）の参山《さんざん》、蓬山《ほうざん》、之罘《しふ》、莱山《らいざん》、僊人《せんにん》……などがふくまれていた。

匡衡は、これらのまつりをやめさせた。そのときに神を候う方士の使者、副佐《ふくさ》、本草待詔七十余人をみな家に帰らせた。本草待詔は方士たちとともに罷免《ひめん》されたのである。

儒教の古典にないこと、また費用節減のために、まつりをやめたのである。武帝のとき以来、方士たちは祠をまつることによって、国家機構にくみこまれていた。方士が死ねば方士の祠はとりつぶされ、祭祀の官である祠官《しかん》があとをつぐことはなかった。方士の祠は方士でなければまつれないものであった。

方士と仙薬は本来、密接に関連していた。武帝のとき、燕や斉の海辺には、禁方《きんぼう》や奇方《きほう》によって神仙となれると説く方士が山のようにいた。禁方や奇方とは、秘密のふしぎな処方という意味で、誰にも知られていない仙薬を服用することである。『漢書』「郊祀志《こうしし》」は、

方士をつかわして神人をもとめ、薬の採集は千回以上にのぼった。

と記す。また方士の欒大は武帝にこう述べた。

不死の薬は手に入ります。仙人はよびよせられます。

欒大は、もと膠東王《こうとうおう》の尚方《しょうほう》であった。尚方は方薬をつかさどる官である。また方士の李少君も方薬をつかさどったとされる。武帝のまわりに出没し、仙人の薬を手にいれられると述べた方士たちは、かれら自身、方薬をつくることができた人々でもあった。

成帝のときの「本草待詔」は、方士とともに神仙のまつりにかかわっていた。かれらは「不老不死の仙薬の処方をもって天子の詔を待つもの」であったとおもわれる。たんに病気をなおす薬をつくっていたのではない。

だからこそ丞相の匡衡は本草待詔を方士の同類とみて、方士とともにかれらを罷免したのだろう。匡衡は儒者《じゅしゃ》であったが、かれの目には方士や本草待詔はうさんくさく、たえがたいやからにうつったのである。

芝草。『三才図会』より

**仙薬の誕生**

「本草」という語は、ふつうつぎのように説明されている。

薬には玉石、草、木、虫、獣がある。本草とよぶのは諸薬のうちで草のたぐいがもっともおおいからである。

五代《ごだい》、蜀《しょく》の人、韓保昇《かんほしょう》の説である。かれは本草を「草を本《もと》とす」と理解している。諸薬のなかで草の類がもっともおおいから、草つまり草薬を本としており、本草とよばれるという。

しかし、薬のなかで草薬がおおい、そんなことを、わざわざいう必要があるのだろうか。わたしは「本草」とは、薬の「本《もと》となる草」だと考えている。「草」で「芝草」をさす例があり、本草は「仙薬の本となる芝《し》草《そう》」であろう。芝草は霊芝《れいし》のことで、武帝がもとめた仙薬がまさにこれであった。初期の本草と神仙思想は密接に関連していたのである。『神農本草経《しんのうほんぞうきょう》』は最古の本草経である。もっとも、現在みることができるものは、後世、復元したものであって本来のものではない。

この書物は従来、薬学の立場から、個々の薬の成分や薬効について研究されることがおおかった。しかし、この書のつくられた本来の目的は「仙薬」をつくりだすことにあった。ここではその思想的な意味について考察したい。

『神農本草経』は、それまであった薬物を、つぎのようにならべかえた。薬物三百六十五種を上薬（百二十種）、中薬（百二十種）、下薬（百二十五種）に分類し、上薬を「養命《ようめい》」、すなわち

神農。『本草蒙筌』より

命を養う仙薬、中薬を「養性《ようせい》」、すなわち性（生）を養う健康薬、下薬を「治病《ちびょう》」、すなわち病気をなおす治療薬としたのである。

本来、薬はすべて病気をなおすものであった。ところが、それをあえてならべかえて仙薬や健康薬をつくりだしたところに、『神農本草経』の作者の工夫がうかがえる。

さてこの仙薬とされる上薬だが、実際に『神農本草経』のなかでは、どのようにしるされているのであろう。いくつか紹介してみよう。

太一禹余糧《たいいつうよりょう》、一名、石脳《せきのう》。味は甘い。のんでも体温はかわらない。ぜんそくや悪性の腫瘍《しゅよう》で月経が閉じ、おりものがでるのをなおす。邪気をのぞく。久服すれば、寒暑にたえ、飢えない。身を軽くして飛行すること千里。神仙となる。

また松ヤニはつぎのようにしるされている。

松脂《しょうし》、一名、松膏《しょうこう》。一名、松肪《しょうぼう》。味は苦い。のむと体をあたためる。山谷でとれる。悪性の腫瘍やおでき、頭のできもの、しらくも、疥癬《かいせん》、かぜをなおす。五臓をやすんじ、熱をのぞく。久服《きゅうふく》すれば身を軽くし、老いず、年をのばす。

上薬はほぼこういった形式でしるされる。すなわち前半部分には病気をなおす効果がのべられ、「久服」をはさんで後半部分に、いわゆる仙薬としての効果がしるされるのである。

上薬百二十種は、なにもめずらしい薬ばかりではない。鉱物質の丹沙《たんしゃ》（硫化水銀）などは貴重品だが、雲母《うんも》や石英《せきえい》などはよくあるものである。

植物質のものでは人参《にんじん》は高級であるが、地黄《じおう》や甘草《かんぞう》はおなじみの漢方薬である。菖蒲《しょうぶ》・菊花《きっか》・独活《うど》・橘柚《ゆず》・秦椒《さんしょう》などはなにもめずらしくない。胡麻《ごま》・葡萄《ぶどう》は西域からもたらされたもの。また牛膝《いのこずち》・車前子《おおばこのみ》などは、その辺にはえている雑草である。

### 久服の効果

これらはすべて「久服《きゅうふく》」することによって仙薬とされた。久服とは、ながいあいだのみつづけることである。上薬のほとんどにこの「久服」という語がつけられている。一方、中薬・下薬にはほとんどつけられていない。下薬は、

毒おおければ、久しく服すべからず。

とのべられる。治病の下薬は、いわゆる「毒をもって毒を制する」ものであり有毒である。そのため病気でもないのにのみつづければ、かえって薬の毒におかされてしまうのである。

ひとことことわっておかねばならないのは、上薬は治療のために久服するのではないということである。現在の漢方薬は、治療のために長期間服用することがおおい。そのため、『神農本草経』の上薬も、治療のために「久服」するのだろうと誤解されやすい。しかし、「久服して～を治す」と記された箇所はまったくない。あくまでも神仙となるために久服するのである。

それでは、上薬を久服することによって、どのような効果があるのだろう。薬としての効果としてはまず、

神仙となる。神明《しんめい》に通ず。

があげられる。つぎに年齢にかかわるものとして、

不死。不夭《ふよう》（わかじにしない）。不老。耐老。延年。長年。増年。増寿。

などがある。また、

飢え渇《かわ》かない。寒暑にたえる。身が軽くなる。千里を飛行する。水の上をあるく。

などがある。いわゆる仙術とよびうるものもふくまれている。以上のほとんどが薬を久服したときの効果としてあらわされている。

だが「久服」とはいったい、どのくらいの期間をさすのであろう。たんに「ながいあいだ」というのでは、何ヶ月なのか何年なのかわからない。曖昧《あいまい》な表現である。けれども、この曖昧さによって、『神農本草経』は仙薬をつくりだせたのである。

それは「一服」と比べればあきらかである。『山海経』の郭璞《かくはく》の注には、「一服すれば神仙

となる」という奇薬がしるされている。神仙薬は天子に献上された。一服して空を飛べるなどの効果があればよいが、できなければ薬を献上した者の命があぶなかった。仙薬をさがしたり、つくったりするほうも命がけであった。

「一服」ではなく「久服」であれば、仙薬の効力の証明は相当期間、猶予《ゆうよ》される。かりに薬をのみつづけていたものが、ぽっくり死んでしまったとする。その服用期間が長ければ、尸解して仙人となったといえばよい。短かければ、かれは薬を久服できなかったから死んだのだとごまかせばよいのである。

**だれでものみつづければ……**

当然のことながら、病気の処方書である前漢初期の『五十二病方』には、久服という語はまったくみえない。ここには「数回飲むだけで病気はなおる」などと記される。病気の治療ならば早くなおるほうがよい。「久服」などといえば、かえって薬の有効性をうたがわせてしまうのである。

また、病気治療には、たとえば「カゼがなおった」というように、だれにでもわかるゴールがある。ところが不老・延年、はては不死というものは、きわめて漠然としており、そういったゴールはない。

そうなると、不老・不死という存在しないゴールをめざして、薬をまさに死ぬまで久服しつづけなければならないという皮肉なことになる。久服とは、薬を死ぬまでのみつづけるということの、体《てい》のよいいいかえにすぎないのである。

上薬の効果としては、もっとわかりやすいものもある。

頭が白くならない。目がよくみえる。耳がよくきこえ目がよくみえる。顔がつやつやして顔色がよくなる。顔のシミがとれる。内臓がよくなる。骨がかたくなる。ふとる。精力をます。気力をます。忘れなくなる。知恵をます。夢にうなされない。

このばあいは、かならずしも久服しなくともよい。ここにあらわれる効果は不老・延年といった表現とくらべて、きわめて具体的であり、しかも部位が限定されている。一般に不老不死、あるいは不老長生といったばあい、ふつうの人間とは隔絶したひどく特別な人間を想像してしまいがちである。しかし不老は、老化していく要素をひとつひとつ丹念に消しさっていくことによって、ある程度、具体的に可能なものでもある。現代医学もその方向にむかって努力しているといってよい。

『神農本草経』の上薬は、薬の久服による神仙・不死・不老といった抽象的な表現に終始するのではない。そこには「目がよくみえる」といった具体的な効能もまじえている。それによって仙薬が夢想ではなく現実のものだとおもわせることに成功しているのである。

ここには、目がみえにくい、耳がきこえにくい、髪がぬける、白髪となる、顔にシミができる、骨がもろくなる、足腰がよわる、皮膚がたるむ、精力がおとろえる、気力がおとろえる、忘れっぽくなるといった、だれもが感じる老化の徴候にたいしての効果が記されている。『神農本草経』は、不老不死の奇薬という考え方を否定した。だれにもみつけられないふしぎな薬である奇薬は、薬そのものが神秘的であった。その神秘性こそがその薬を仙薬とさせていたのである。『神農本草経』の仙薬は、薬自体はだれでも手にいれることのできるものであった。仙人となるためにはそれを久服しさえすればよかった。

## 『列仙伝』の仙薬

後漢ごろにつくられたとされている『列仙伝《れっせんでん》』は、仙人の伝記を記した書物である。そこには七十の説話がおさめられるが、そのうち四十三の話に薬物の名がみえる。薬物の種類は五十あり、その総数はのべにして六十以上ある。

『列仙伝』には、薬物以外の方法によって昇仙した例もいくつかある。しかし、薬物による昇仙とくらべると格段にすくない。『列仙伝』は薬物中心の昇仙の記録集といってよい。『列仙伝』のなかには『神農本草経』という書名は登場しない。またどちらが先につくられたかということも明らかでない。しかし両書には共通する薬物がおおい。

『列仙伝』にみえる五十種の薬物のうち、三十三種が『神農本草経』にある。そのうち上薬に相当するものは二十六種にのぼり、中薬は五種、下薬は二種である。

『神農本草経』の上薬は、「養命」のいわゆる仙薬であった。ゆえに『列仙伝』に登場する薬物の相当数が、『神農本草経』においても仙薬として認められていることになる。

その効用を二、三、比較してみよう。たとえば松脂《しょうし》を常食していた仇生《きゅうせい》という仙人は、三十年あまりたって、ますます元気になった。この松脂は『神農本草経』の上薬にみえ「久服すれば身を軽くし、老いず年を延ばす」とされている。

また彭祖《ほうそ》は桂・芝を常食して昇仙した。桂は肉桂《にっけい》のことである。『神農本草経』では牡桂《ぼけい》が「久服すれば神に通じ、身を軽くし老いず」とされ、また菌桂《きんけい》が「久服すれば身を軽くして老いず」とされている。また芝は、赤・黒・青・白・黄・紫芝の六種にわかれているが、「久食すれば身を軽くし老いず、年を延ばし神仙」とされている。

ほかに任光《じんこう》は、丹を餌《じ》し、八、九十年たって数十歳の顔つきのようだったとされるが、これも『神農本草経』では、丹砂が「久服すれば神明に通じ老いず」とされている。

それぞれの仙薬としての薬効は、ぴったり同じとはいえないが、かなり似ている。また『神農本草経』の久服・久食という表現は、『列仙伝』では常食や三十年・八、九十年となっている。仙薬を長期間服用しつづけて不老不死となるという基本的な考え方は、まったく共通しているといってよい。

### 道は近くにあるのに

さきに『神農本草経』の「久服」について考察したが、薬をのみつづけることは簡単そうでむずかしい。ここでは『列仙伝』の商丘子胥《しょうきゅうししょ》の話を紹介しよう。

商丘子胥というのは高邑《こうゆう》の人である。豚を飼い竽《う》という楽器を吹くことをこのんだ。七十歳になっても妻をめとらず、年をとらなかった。村人たちはみなふしぎにおもい、かれにその秘訣をたずねた。かれはこういった。

「朮《じゅつ》と菖蒲《しょうぶ》の根っこをたべて水をのんどりゃ、腹もへらんし年もよらん」

それから代々、三百余年にわたってかれの姿をみかけた。貴族や富豪がうわさをきいてこれらを服用したが、一年とつづけることができず、めんどうでやめてしまった。そしてべつに秘術があるのではないかとうたがった。

商丘子胥は、ぶた飼いの仙人である。かれの服用した朮は、オケラのことでキク科の植物。根を服用する。菖蒲《しょうぶ》には水菖蒲と石菖蒲がある。やはり根を薬用とする。ともに『神農本草経』の上薬である。かれは朮と菖蒲それに水だけで三百年以上も長生きした。

かれはその方法をかくすことなく人々におしえた。ところが商丘子胥のまねをした貴族や富豪は、一年とつづけられずにやめてしまった。かれらはほかに秘術があるのだろうとうたがったが、秘術などなにもなかったのである。『孟子《もうし》』は「道は近くにあるのに、人々はそれを遠くにもとめる」と述べたが、簡単なことはかえってできないのかもしれない。

竽。『礼記図』より。
豕。『本草綱目』より

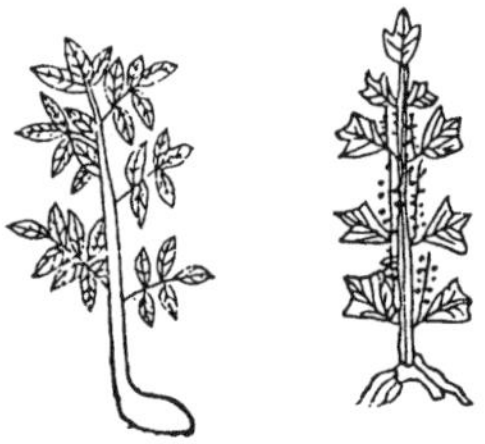

朮・苣勝（ゴマ）。
『本草綱目』より

石菖蒲・韮。
『本草綱目』より

## アマルガムの利用

『列仙伝』の薬物には単純なものが多い。甘草《かんぞう》・茯苓《ぶくりょう》・天門冬《てんもんどう》などは漢方でもおなじみのもの。韭《にら》（韮）・葱《ねぎ》・薤《らっきょう》・蕪菁《かぶら》のたね・冬瓜《とうがん》のたね、沢芝《たくし》（ハスの実）などは、とくにめずらしくもない。

また『列仙伝』では「採薬父《さいやくほ》（薬とり）」「千粒の丸薬に十斤（約二千五百六十グラム）の肉桂をもちいる」「薬を売る」「丸薬七粒で一銭」といった表現がみえる。これは実際に薬を採集し、製造し、販売していたことの反映であろう。また黄散《こうさん》・赤丸《せきがん》・桂丸《けいがん》は実在した薬のようである。

さらに太公望呂尚《たいこうぼうりょしょう》や務光《むこう》・狂接輿《きょうせつよ》・東方朔《とうぼうさく》といった歴史や伝説のうえでの有名人が、薬をのんで昇仙したり、薬を売ったとされている。薬を売るさいに「この薬をのめばこういう仙人となれる」、そういった客よせの効能書きとして『列仙伝』を使用したのだろう。

仙人になるという目的はおなじでも、葛洪の『抱朴子《ほうぼくし》』にみえるものはひどく複雑である。『抱朴子』「金丹《きんたん》」篇にみえる例を紹介してみよう。葛洪は還丹金液《かんたんきんえき》の服用が仙道の最高の極致だとかんがえた。かれはこれを服用して仙人となれなければ、古来、仙人などいないと断言している。まず九丹とよばれるものをみてみよう。

第一の丹を丹華《たんか》という。まず玄黄《げんおう》をつくらねばならない。雄黄水《ゆうおうすい》・礬石水《はんせきすい》・戎塩《じゅうえん》・鹵《ろ》塩《えん》・礜石《よせき》・牡蠣《ぼれい》・赤石脂《しゃくせきじ》・滑石《かっせき》・胡粉《ごふん》それぞれ数十斤をもちいて六一泥《りくいつでい》をつくる。

火にかけて三十六日。できあがれば服用し、七日で仙人となる。また玄膏《げんこう》をもちい、この丹を丸薬とし猛火のうえにおくと、たちまち黄金となる。それを二百四十銖（百三十九・二グラム）もちいて水銀百斤（二万二千二百七十三グラム）とあわせ、火にかければまた黄金ができあがる。金ができれば薬もできあがる。金ができなければ、もういちど薬を封じて火にかける。日数は前とおなじにすれば、できないものはない。
　第二の丹を神丹という。また神符ともいう。これをのめば百日で仙人となる。水火をわたることができる。この丹を足のうらにぬれば、水のうえを歩行できる。これを三さじのめば、三尸九虫はみなすぐに死に、百病はみな治る……。

といった具合にしるされる。金丹篇にはほかにも、五霊丹《ごれいたん》・務《む》成子《せいし》丹法《たんぼう》・羨門子《せんもんし》丹法《たんぼう》・立成《りっせい》丹《たん》・取伏丹《しゅふくたん》・赤松子《せきしょうし》丹法《たんぼう》・崔文子《さいぶんし》丹法《たんぼう》……など丹薬の名が数十種も記されている。そしてそこにはくわしい処方と効能が記されているのである。

　葛洪の説いた「金丹」とは、ようするに水銀と他の鉱物をまぜあわせてアマルガムをつくること、であった。そのさい、おおくの合金がつくりだされたことであろう。

　しかし葛洪の目的は、あくまでも不老不死の仙薬をつくりだすことにあった。新種の合金をつくりだすことなど、まるで念頭になかったのである。中国の錬金術が科学の発達とむすびつかない擬似科学とよばれるのはそのためである。葛洪は金丹のすばらしさをつぎのように説明する。

五穀（ゴマ［またはイネ］・キビ・アワ・ムギ・マメ）でさえも人を活かすことができる。人は五穀をたべて生き、五穀をたてば死んでしまう。もし上品の神薬であれば、五穀よりも数万倍、有益ではないだろうか。

ここでいう上品の神薬とは金丹のことである。

## 草木は命をのばすだけ

丹というのは焼けば焼くほど永久不滅のものとなり、その変化は絶妙である。また黄金は火に入れれば百錬しても消滅しない。また埋《う》ずめれば天がおわるほどのときがたっても腐らない。この二つのものを服用して人の身体を錬れば不老不死となる。これは外物によってみずからを堅固にしようとするもので、脂《あぶら》が火をもやしつづけるようなものである。緑青《ろくしょう》を足にぬれば水にはいっても腐らない。これは銅のつよさが肉をまもるからである。金丹を身体のなかにいれれば、血気のなかにゆきわたることは、緑青をぬったようなものとはくらべものにならない。

鉱物が燃えつきず、腐らないことを、人間の身体に応用しようというものである。

草木は焼けば灰となってしまう。しかし、丹砂は焼けば水銀となる。変化をかさね、また丹砂にもどる。草木とは遠くへだたるものである。だからこそ人を長生きさせる。

世間の人は、知識はすこししかないのに、なんでもうたがってかかる。水銀が丹砂からできることをおしえてやっても、信じようとはしないでこういう。

「丹砂は本来、赤いものだ。白くなったりするものか」

またこうもいう。

「丹砂は石だ。いまいろんな石を焼けばみな灰になる。どうして丹砂だけがそうなるんだ」

こんなに簡単なことなのに理解できない。かれらが仙道について聞いても大笑いするだけなのは当然だ。

葛洪のいうことはある段階まではただしい。丹砂が腐らないこと。変化すること。そのとおりである。ただ、それをのめば長生きできるというのは、かれを信じるしかない。

葛洪は草木薬にもある程度の役割をみとめている。仙薬篇ではつぎのように述べる。

仙経《せんけい》にこういう。「草木の葉を服用して、すでに数百歳となっても、神丹をおろそかにすれば、仙人となることはできない」

これによれば、草木は年をのばすだけで長生の薬ではないとわかる。けれどもまだ「丹」をつくれないときは、しばらくこれを服用して生きながらえなければならない。

草木薬でも数百歳の長命をたもてるのならば、それで十分のようにおもえる。しかし、葛洪のねがいは、それをこえた不老不死にあったようだ。

## 仙人は老人ではない

さてここで、数ある仙薬のなかから、代表的なものである丹砂・玉・芝・桃・松をとりあげて、その実際例について考察したい。これらは、ある程度の薬用効果をもっている。しかし仙薬とされたばあい、その薬物のもつ観念的な意味がおおきな役割をはたしていることがおおい。

まず「丹砂《たんしゃ》」をとりあげてみよう。丹砂は『抱朴子』にみえた「丹薬」の主要原料となるものであった。これは『列仙伝』の任光《じんこう》の話のなかでは、つぎのようにみえる。

任光は上蔡《じょうさい》の人である。丹薬をねってまちやむらで売っていた。八、九十年たって、これがむかしの任光だとわかった。人々はかれをみて数十歳の顔つきのようだといった。そののち長老が任光がただものでないとみぬいた。趙簡子《ちょうかんし》がめしだし、ともにつかえた。かつて柏梯山《はくていざん》の上にすんでいたが、三代のあいだその所在がわからなかった。晋の人は、いつもその丹薬を服用していた。

趙簡子は春秋時代の晋の実力者である。任光はそのころの人とされている。かれは薬を売りあるいて八、九十年たっても、数十歳にしかみえなかったという。ふつう不老不死の仙人といえば白髪の老人を連想してしまうが、不老という観点からみればこれはおかしい。『列仙伝』には、「二百余年たって顔色は二十ばかりの人のようだ」といわれた昌容《しょうよう》、「飢えず老いず…三百余年」の商丘子胥《しょうきゅうししょ》などに、不老の例がみえる。また白髪が黒髪にかわったり、歯がはえかわったりする例もある。これは不老というよりも若がえりかもしれない。これもやはり白髪の老人ではない。『列仙伝』の図をみても、黒髪でわかわかしい仙人がおおい。仙人にたいするイメージは、視覚的にもただす必要がある。

**丹砂の循環**

丹砂の服用は赤斧《せきふ》の話にもみえる。

赤斧というのは巴戎《はじゅう》の人である。碧雞祠《へきけいし》の帳簿役人であった。水銀をつくることができ、丹砂と硝石とをねりあわせ、三十年間服用して子供にもどった。髪の毛がはえてきたが、すべて赤かった。

数十年後、華山《かざん》にのぼって禹余糧《うよりょう》をとり、薬にして蒼梧《そうご》・湘江《しょうこう》あたりに売りあるいた。手に赤い斧をにぎるものをみかけたという話が、何代にもわたってかたりつがれた。

任光や赤斧の服用した丹砂は、李少君が武帝に不老不死の薬として説いたものであった。けれどもそれは、丹砂をそのまま服用するのではなかった。そこでは丹砂を黄金に変化させ、それで飲食の器をつくるとされた。

丹砂やそれからつくられる水銀は、鉱物性の物質である。鉱物をみて食欲をおこす人間はいない。鉱物は本来、人間の食べ物からもっとも遠い存在であった。それを服用するのは、多分に観念的な理由による。葛洪《かっこう》は『抱朴子《ほうぼくし》』についてつぎのように説明した。

> 草根木皮《そうこんぼくひ》の薬は焼けば灰になるだけであるが、丹砂は循環的変化をおこし、また丹砂にもどる。

これが「再生と不死」、あるいは赤斧の例にみえるような、「わかがえり」とむすびつけられ、「不老長生」につながるものとされたのである。

水銀の精錬。『天工開物』より

丹砂すなわち硫化水銀は空気中で熱すれば水銀となる。水銀を沸点（三百五十六・七度）ちかくの温度で熱すると酸化水銀となる。これをさらにつよく熱するとまた水銀にもどるのである。丹砂（硫化水銀）と水銀が可逆反応をおこすのではない。実際には酸化水銀と水銀のくりかえしである。

しかし、酸化水銀は丹砂とよくにた朱色であり、外見上、区別できず、丹砂（硫化水銀）と水銀の変化が永遠につづくと考えられたのだろう。後漢の魏伯陽《ぎはくよう》の撰とされる『周易参同契《しゅうえきさんどうかい》』にも同様のことが記されている。葛洪は丹砂の循環だけを説いたのではない。さきにもみたように、草木薬と鉱物薬との比較もおこなっている。草木薬は焼けば灰となる。鉱物薬は焼くと変化するが、消滅することはない。ゆえに鉱物薬を体にとりこむことによって、体は変化するが消滅しない。つまり、化して仙人となり、不死にいたるということになる。

葛洪は学識ゆたかな知識人であったが、この考え方は原始的な類感呪術そのものである。

**邪悪の鬼を殺す**

丹砂の服用は、なにも葛洪が考えだしたわけではない。『列仙伝』に仙薬としての用例がみえたし、治病薬としてはさらにふるくより使用されていた。では丹砂の服用は、本当に最初から葛洪のいうような意味をもっていたのだろうか

『神農本草経《しんのうほんぞうきょう》』の上薬には、丹砂と水銀が記されている。丹砂は、

丹沙は味は甘く、のむとすこし体をひやす。山谷でとれる。身体や五臓の百病をなおす。精神をやしない、魂魄《こんぱく》をやすんじ、気をまし、目がよくみえるようになる。また精魅《せいみ》、邪悪の鬼《き》を殺す。久服すると神明に通じ老いない。これは変化して汞《みずがね》（水銀）となる。

とある。一方、水銀は、

水銀は、味は辛く平地でとれる。疥癬《かいせん》やしらくもをなおす。皮膚の虱《しらみ》を殺す。死んだ胎児を堕胎させる。熱をとる。金・銀・銅・錫の毒を殺す。鎔化《ようか》するとまた丹となる。久服すれば神仙となって死なない。

とみえる。ここには他の上薬と同様に、まず治病薬としての用法がしるされている。この治病薬としての薬効こそが、じつは丹砂や水銀の本来の用法であったといえる。水銀には実際に皮膚細菌を殺すという薬理作用があり、水銀軟膏はごく最近まで使用されていた。『五十《ごじゅう》二病《にびょう》方《ほう》』には、「かわいたかゆい皮膚病」のところにこうしるす。

雄黄《ゆうおう》二両、水銀一両と三分の一、頭脂一升……。水銀を手につけ……患部につける。

雄黄（AsS）は砒素《ひそ》化合物で毒薬であるが、皮膚病には効いた。現在では薬としての使用を禁止されている。しかし、中国の農村ではいまでも、水を消毒殺菌するために雄黄を水瓶にほうりこんでいるところがある。ここは雄黄と水銀をつかっているため、皮膚病には確実に効果があったはずである。

『五十二病方』には丹砂の使用もみえる。

やけどの傷痕がのこったばあいは、水銀二、男子の糞尿四（精液と解する説もある）、丹砂一をまぜあわせ、煙突の上においてニ、三ヵ月でできあがる。……それをつけたら、部屋の窓をとじ、戸をしめ、出てはいけない。部屋のなかで用便をすませ、星や月を一ヵ月みなければ、百日で治る。

古代では病気は悪鬼によってひきおこされると考えられていた。病気を治療するということは、体内に入りこみ病気をひきおこす悪鬼を退治することであった。『神農本草経』の「丹砂」に「精魅《せいみ》、邪悪の鬼を殺す」とあるのも、悪鬼を退治して病気を治療することである。ここではそのために、糞尿が使用される。

『五十二病方』ではほかに、ミミズやブタの糞などがもちいられている。これも悪鬼をおいはらうものであった。悪臭がして胸のむかつくものに閉口して、体内より悪鬼がにげだすと考えられたのである。こういった薬は古代のメソポタミアにもあった。そこでもやはり病気は悪魔によってひきおこされると考えられていた。

また、「赤」ということに着目すれば、「血」そのものが用いられることもあった。疥癬《かいせん》の治療に「赤いトカゲの首をきってその血をぬる」というものがある。

また皮膚病の治療で「丹砂」と鱣魚《せんぎょ》(たうなぎ)の血、あるいは鶏の血をまぜるとか、水銀と血をつけるといった用法がみえる。この「血」の意味についてはすぐあとに述べる。

薬物は呪文《じゅもん》と併用されることがおおかった。『五十二病方』にも呪文がおおい。その原理は、「呪文によってつよい神をよびだし、その威力によって悪鬼をおいはらう」ものである。

## 神は半獣半人

悪鬼をおいはらう神にとって、「血」はなくてはならないものであった。「神」という文字の偏は「示」である。甲骨文の「丅」は祭卓をしめす。まつりのときの台である。「亍」はそのうえに、いけにえの肉をおいた形。「示」はそこから「血」がしたたりおちているようすではないか。「〓」という字形はそれをあらわすようにみえる。

「祭」という字形も、「示」のうえに「月（肉）」と「又（右手）」があるかたちで、神の「祭祀」には「肉」がそなえられていたことをしめす。

「神」の旁《つくり》の「申」は「〓」で、雷の電光のはしるさまをあらわす。これは、神の発する光だとかんがえられた。雷は日本語でも神鳴《かみな》りであり、その音は神の発する声だとかんがえられた。神事に太鼓をもちいるのは神の声を擬している。

雷鼓や皮に雲をえがいた太鼓は、いずれも太鼓が雷とふかく関連することをしめしている。太鼓の音は神がそこにいる証明であり、その音によって悪鬼をおびえさせ、おいはらった。儺《おにやらい》の儀式でも鼗《ふりつづみ》とよばれるデンデン太鼓をもちいたが、これも神の声を擬して悪鬼をおいはらうものであった。

古代の神は半獣半人の相貌をとった。伏羲《ふっき》・女媧《じょか》は蛇身人首、神農は人身牛首である。また『山海経《せんがいきょう》』の「山経《さんけい》」にみえる神も、古代の神の影響をうけている。「豕《し》身而《しんにして》人面《じんめん》」・「人《じん》身而龍首《しんにしてりゅうしゅ》」・「人面而獣身《じんめんにしてじゅうしん》」などと、やはり半獣半人である。「鳥身而龍首《ちょうしんにしてりゅうしゅ》」などと人間の要素がないものもある。あたりまえの人の姿をしていないのが本来の神の姿である。

獣のすがたをした神の好物は、獣とおなじく、「血」のしたたる生きた動物であった。これが牲《いけにえ》である。「牲」は形声文字とされるが、旁《つくり》の「生」は、それが本来、生きたものであったことをしめすのではないか。三種のいけにえ、「三牲」は牛・羊・豕《ぶた》であり、五牲はこれに犬と鶏とをくわえる。

台湾では、現在も道教の祭礼に豚をもちいる。祭礼用に巨大にふとらせた豚を殺して祭壇におき、肺や肝臓、心臓といった内臓をならべてぶらさげる。道教の神の相貌は後世、人の姿に変身し、上品なものがおおくなった。けれどもその好物は獣の姿をしていたときのままである。儀式は比較的、変革をこうむることがすくない。これも数千年前のいけにえをささげる儀式をつたえているのであろう。

## 神聖視された赤色

「血」の字の原義は、

皿に犠牲の血をいれ、祭のときに神にすすめたもの。

である。『周礼《しゅらい》』にみえる「血祭《けっさい》」は、文字どおり犠牲の「血」をそなえて神をまつることである。古代の神は「血」をのむとかんがえられていたのだろう。農耕民族の日本人ですら、鶏の生き血やスッポンの血をのむ。遊牧系民族が殺した家畜の血をのむことはごくふつうのことである。

「血」は動物の生命力の象徴である。生きている動物には赤い血がながれている。「いけにえ」

は生きたもの、または殺したてのものでなければならなかった。さもなければ赤い血がどす黒く変色してしまうからであろう。

神は血をとりこむことによって、その活力をました。神が不死でありつづけたのは、犠牲の血の力によるのであろう。

「血」が神の生命力をますことが、やがて血そのものを神聖視させることとなった。おたがいの血をすすりあって誓う、いわゆる「血盟」や、血をそそいだりすったりしてけがれをはらう「釁《きん》」などに、その意識がうかがえる。

これはまた、古代の葬制ともふかくかかわっている。殷代の墓には牛・馬・犬といった犠牲がもちいられ、また殉死者もおおい。だが古代の殉死は、後世のような「主君のあとをおって臣下が自殺すること」ではない。

伏犧と女媧

秦の始皇陵にも、殷代以来の古代の葬制は色濃くのこっている。動物坑とよばれているものは犠牲であろう。また殉死者は処刑されたものらしく、首・腰・手足などが斬られたりしている。これは刑罰ともからめて考察しなければならないが、もとは墓に「血」をそそぐことに意味があったのではないか。実際、殉葬坑の発掘現場の上には流された血によってどす黒く変色しているものがあるという。

葬制でわすれてはならないのは、墓室や棺それに死体や骨に塗られている「朱《しゅ》」すなわち「丹砂」である。死体に朱を塗ることは、おそろしく起源がふるい。一万八千年前に北京郊外にいた山頂洞人《さんちょうどうじん》にすでにみえ、五、六千年前の黄河流域ではすでに習慣化されていた。

殷や周の王侯の墓では、棺の底に数センチの厚さに丹砂をしきつめた。これを朱砂底《しゅしゃてい》とよぶ。これは神の力をつよめる赤色そのものに、呪力があると考えられたからであろう。死体に赤色を塗ったり、棺の底に赤色の丹砂をしくのは、おそらく、土のなかにすみ死体をくらう鬼である罔両《もうりょう》をふせぐためであろう。死体に朱を塗る習慣は、いまでもつづいている。中国で事故死した日本の技術者の遺体が、全身に朱を塗られておくりかえされてきたことがある。

朱をしくことは後世、水銀にかわることもあった。始皇陵の「水銀の海」も、もとはそのあたりと関連しているのだろう。

日本の古墳や棺のなかにも赤色が塗られている。日本のばあいはベンガラ（酸化第二鉄）の赤がおおい。丹砂が高価であるため、代用されたらしい。このことは丹砂であることに意味があるのではなく、赤という色に意味があることをしめしている。

血・丹砂をこのようにとらえていくと、丹砂服用の意味も、おのずから葛洪の考えとはことなってくる。血は本来、神がのむものであった。血をのむことによって神は活力をました。丹砂の赤は血の代用とされたが、変色せず、鮮紅をたもつということでは、むしろ血よりもすぐれていたのではないか。

丹砂は塗ることがおおかったが、それを服用したのは、神聖な赤色を身体のなかにとりこむことである。それによって生命力をまし、不死となると信じられたのではないか。それは本来、神が血をのんで不死でありつづけたのと同様の意味があったとおもわれる。

丹砂と水銀の循環を不老不死とむすびつけるのは、おそらく、後世に考えだされた理由づけであろう。

## 神砂飛雪

『列仙伝』には、「丹砂」の採掘のようすをしめす話がある。

主柱《しゅちゅう》はどこの人かわからない。道士とともに宕山《とうざん》にのぼり、「ここに丹砂があり、数万斤が手に入る」といった。宕山の長官が、それをきいて山にのぼり、丹砂のとれる穴に封印した。すると丹砂が流れだし火のようにとびちった。そこで主柱がとることをゆるしたのである。

主柱は邑《むら》の長官である章公《しょうこう》のために、丹砂の調合・服薬法を説きあかした。三年たって、舞いあがる雪のように神秘的な白い粉ができあがった。これを服用すること五年、飛行できるようになり、やがて主柱とともに立ち去ったという。

「丹」の字は、丹砂をとるために掘った井戸のなかに丹砂があるようす「丼」だとされる。丹砂は水銀なので有毒のようにみえる。けれども、水に溶けないため毒性はほとんどないとされている。「水銀」も無機水銀であるかぎり水には溶けない。

丹砂には鎮静作用があるとされ、現在でも精神安定剤として用いられている。朱砂安神《しゅしゃあんしん》丸《がん》・牛黄清心丸《ごおうせいしんがん》などがそうである。また、「儺《おにやらい》」の儀式で鬼にまいた赤丸《せきがん》という薬は、茯《ぶく》苓《りょう》・半夏《はんげ》・烏頭《うず》・細辛《さいしん》を粉末にして丹砂の粉をまぶし、蜂蜜で煉って丸薬としたものである。

ここの主柱は道士とともに山にのぼり、数万斤の丹砂をみつけた。当時の一斤は約二百五十グラムである。かりに一万斤として二・五トンということになる。主柱は丹砂から「神砂《しんしゃ》飛雪《ひせつ》」とよばれる「雪のように神秘的な白い粉」の薬をつくった。

『南史《なんし》』の陶弘景《とうこうけい》伝にはこうある。陶弘景は神丹をつくる方法を会得したが、薬物が手に入らなかった。そこで梁の武帝はかれに、黄金・朱砂《しゅしゃ》・曽青《そうせい》・雄黄《ゆうおう》などをあたえた。陶弘景はそれらをもちいて飛丹《ひたん》をつくった。そのようすは霜や雪のようで、これを服用すると身体が軽くなった。武帝は飛丹を服用して効験があったので、ますます陶弘景をおもんじた。この飛丹は、無毒の「甘汞《かんこう》（$Hg_2Cl_2$）」と推定されている。

「飛丹」というからには、飛行できる丹薬という意味であろう。ここの長官、章公《しょうこう》も「神砂飛雪」を服用して「能く飛行す」とみえる。

鉛からだけでなく、水銀からも白粉《おしろい》をつくることができる。これを「飛雲丹《ひうんたん》」という。『本草綱目《ほんぞうこうもく》』には「その白きこと雪のごとし」とされる水銀粉（軽粉）がある。また粉霜《ふんそう》（水銀霜、白雪、白霊砂）とよばれるものもある。いずれも水銀の変化したものである。神砂飛雪もその類であろう。丹砂の赤から純白が生み出せた。その変化はふしぎというしかない。

## 玉の服用

玉《ぎょく》もまた仙薬とされている。

金丹・玉液《ぎょくえき》、長生の事（『隋《ずい》書』「経籍志《けいせきし》」道経《どうけい》）

と、金丹とならぶ仙薬の代表とされている。

『博物志《はくぶつし》』「物産」には、つぎのように記されている。

名山大川の孔穴《あな》がむかいあい、和気の出《い》づるところは石脂《せきじ》・玉膏《ぎょくこう》が生じる。これを食べれば不死となる。

『山海経《せんがいきょう》』は巫があらわした書物だと考えられている。ここには「玉」が非常におおくあらわれる。『山海経』の「西山経《せいざんけい》」には「白玉」という「玉」の一種の名がみえる。そこの注釈は、『河図玉版《かとぎょくばん》』という書物を引用してこういう。

少室山《しょうしつざん》、その上に白玉膏《はくぎょくこう》あり。ひとたび服さばすなわち仙となる。

『神農本草経』系統の仙薬は、久服《きゅうふく》しなければ仙人となれないものであった。ここでは一服するだけで仙人となれるとされている。

『抱朴子』は『玉経』を引用し、つぎのようにしるす。

金を服用するものは、寿命は金のようにながくなる。玉を服用するものは、寿命は玉のようにながくなる。……けれども、その効果はゆっくりとあらわれるので、一、二百斤（百斤で約二十二キログラム）のんでやっと効果がわかる。

金や玉を服用することによって、そのものの性質を身につけうるという類感呪術である。ただし、そこまでゆきつくには、かなりの量の金や玉を服用しなければならなかった。金や玉は非常に高価なものなので、これはまず経済的に無理である。

玉は烏米酒《うまいしゅ》と地楡酒《ちゆしゅ》で溶かして液状にできる。また葱《ねぎ》の汁で飴《あめ》状にできる。丸薬にしてもよいし、焼いて粉薬にしてもよい。これを一年以上のみつづけると水に入っても濡れず火に入っても焼けない。刃物にも傷つけられず、百毒にあたっても死なない。

玉器の玉をもちいてはいけない。人を傷つけるだけで益はない。璞玉《あらたま》を手にいれれば、もちいてよい。……赤松子《せきしょうし》は玄虫《げんちゅう》の血に玉を漬けて液状にして服用した。それによって煙霞《かすみ》にのって天地を上下することができたのである。

玉はそのままでは服用できないため、液状や粉状にしてのんだが副作用もあった。

粉末状の玉屑は、水をくわえてこねてのめば、人を不死にする。しかし、それが金におよばないわけは、のむとしばしば発熱するからである。それは寒食散《かんしょくさん》の症状に似ている。玉屑を服用したならば、十日に一度、雄黄《ゆうおう》と丹砂《たんしゃ》を一さじずつのみ、髪をザンパラにし、冷水で沐浴《もくよく》し、風にむかって歩けば発熱しない。

「寒食散《かんしょくさん》」は魏晋《ぎしん》の貴族のあいだに大流行した薬である。五石散《ごせきさん》ともよばれる。丹砂・雄黄・白礜石《はくよせき》・曽青《そうせい》・磁石《じせき》という五種類の鉱物薬よりなる。「散《さん》」はこなぐすりのことである。のむと神明開朗《しんめいかいろう》、つまり、心がほがらかとなる一種の麻薬である。

この薬は副作用がきつく、のむと体がほてる。じっとしていると熱が体にたまり、死んでしまうという。そのため、外に出て歩き、風にあたり体を冷やさねばならない。五石散を発散させるために歩くので「散歩」の語ができたともいわれている。玉にもまた似たような副作用があったようだ。

## 死体をまもる玉

玉の使用には八千年の歴史があるとされる。玉の意味はさまざまに考えられている。まず玉には、生命力を増強させるはたらきがあるとされる。生者が佩玉《はいぎょく》を身につけるのは、そのためである。いわゆる魂振《たまふり》のはたらきをするのだろう。玉には霊魂がよりつくともいわれている。

玉は遺体のそばにもおかれる。これはふつう腐敗防止、あるいは死者の復活といった意味があるとされている。一九九一年に、春秋時代の晋の趙鞅《ちょうおう》の墓が発掘された。かれの棺のなかには、玉類が五百四十五点も発見された。全身をぎっしりと玉でおおわれていたのである。

玉はまた耳や口にもつめた。口につめるものを琀《かん》といい、耳につめるものを瑱《てん》という。漢代には王侯を葬るときに珠襦玉匣《しゅじゅぎょくこう》を着せた。珠襦はたまをつらぬいて飾りにした短衣であり、玉匣は玉の小片を金の糸などでつづりあわせた鎧《よろい》である。これを着せて全身をおおう。これは金縷玉衣《きんるぎょくい》ともよばれる（第一章の扉を参照）。

玉の鎧を着たり、玉を耳や口という開口部につめたりするのは、遺体を食いあらそうとする罔両《もうりょう》をふせぐためであろう。遺体が腐敗することは、目にみえない悪鬼すなわち罔両が食いあらしていると考えられたのだろう。そう理解すれば、罔両よけと腐敗防止はおなじ意味となる。

張華《ちょうか》はつぎのように説く。

> 玉を服用するには藍田《らんでん》（陝西《せんせい》省）の穀玉《こくぎょく》で白色のものをつかう。平常、これを服用すれば神仙となる。危篤《きとく》のときに五斤を服用すれば、死んでから三年、遺体の色がかわらない。古来、塚をあばいて尸《しかばね》が生きているようにみえるのは、身体や腹の内と外に金玉がぎっしりとつまっているからである。漢の制度で王公はみな珠襦玉匣をもちいているのは、遺体が朽《く》ちないようにするためである。（『証類本草』玉泉の注）

遺体を生きたように保つ玉。それを体にとりこめば、神仙となれると考えられたのである。

## 儒教的な薬効

さて、「丹砂」とならんで代表的な仙薬が「芝《し》」である。「芝」は植物質の仙薬である。芝は『説文解字《せつもんかいじ》』で「神艸（草）」とよばれる。不死草として名だかいが、じつはキノコのことである。漢の武帝がさがしもとめた不死薬も芝薬《しやく》であった。

元封二年に甘泉宮《かんせんきゅう》のなかに芝が九本はえてきた。武帝がこれを食べたとは記されていない。だが、このことをめでて天下に大赦令《たいしゃれい》がおこなわれている。

芝は瑞祥《ずいしょう》としてとらえられることもおおい。「瑞祥」とは天子が善政をおこなったときに、それをほめて天帝がくだすしるしのことである。『宋書』「符瑞志《ふずいし》」にはこうある。

芝草《しそう》は王者が仁慈であれば生え、これを食べると仙人となれる。

『神農本草経』では、青芝（龍芝）・赤芝（丹芝）・黄芝（金芝）・白芝（玉芝）・黒芝（玄芝）・紫芝（木芝）の六種がしるされている。たとえば、

青芝、一名は龍芝。味は酸《す》い。のんでも体温はかわらない。山谷でとれる。目をよくし、肝臓をおぎない、精魂をやすんじ、仁恕《じんじょ》となる。久食すれば、身を軽くし、老いない。年を延ばし、神仙となる。

といった効果が記される。

青・赤・黄・白・黒と五種あるのは、五行《ごぎょう》思想とむすびつけられているからである。実際のものは赤か紫がふつうである。その薬効も機械的に、心・肝・脾《ひ》・肺・腎臓とふりわけ

られている。

興味ぶかいのは、仁恕《じんじょ》・智慧《ちえ》・忠信《ちゅうしん》・勇悍《ゆうかん》・聡察《そうさつ》と、儒家的な徳目が薬効とされているところである。これは他の薬物にはない効果である。

これらは霊芝《れいし》とよばれている。霊芝はやわらかいキノコではなく、かたいキノコである。日本ではマンネンタケ・サイワイタケとよばれている。かつて三本に枝わかれしたマンネンタケがはえ、それを天皇に献上した者が三枝《さえぐさ》という姓をたまわったという伝説がある。

霊芝には、精神安定や強壮などの薬効がある。また霊芝はサルノコシカケ科に属するが、サルノコシカケは近年、抗ガン薬として注目されている。

『列仙伝』では、鹿皮公《ろくひこう》という仙人が山のいただきにのぼり、芝草《しそう》をたべ、神水《しんすい》をのむだけで七十年たったと記されている。ただし鹿皮公の話の中心は、かれが洪水の予言をして子孫を避難させたことにあり、芝草については、とくにくわしくは述べられていない。

有名な仙人、彭祖もまた芝《し》をたべたとされる。


彭祖は殷の大夫である。姓は籛《せん》、名は鏗《こう》。帝顓頊《せんぎょく》の孫であって陸終《りくしゅう》氏《し》の次男である。夏《か》の時代をへて殷《いん》の末まで生きて八百余歳であった。いつも桂《けい》や芝をたべ、導引や行気をおこなった。歴陽《れきよう》に彭祖の仙室がある。かつて風雨をこいねがうと、かならず効験があった。いつも二頭の虎が祠の左右にいた。まつりがおわると、地に虎の足あとがあったという。そののち、昇仙してたちさった。

彭祖は後世、房中術で有名な仙人となる。しかし『列仙伝』においては、桂と芝という服薬と導引・行気をくみあわせているだけで、房中術についてはまったく説かれていない。「桂」は桂皮《けいひ》・肉桂《にっけい》でシナモンのことである。『説文解字《せつもんかいじ》』には「百薬の長」とされる。産地は広東・ベトナムあたりである。『列仙伝』では桂丸《けいがん》という丸薬を売りあるいた仙人の桂《けい》父《ほ》が紹介されている。ここではその桂と芝を服用したことになっている。

**光るキノコ**

晋の張華《ちょうか》（二三二〜三〇〇年）の『博物志』にはこうしるされる。

名山には神芝《しんし》すなわち不死の草が生える。上芝《じょうし》は車馬の形をしており、中芝《ちゅうし》は人の形をしている。下芝《かし》は六種の家畜（馬・牛・羊・豚・犬・鶏）の形をしている。

車には雨や日差しをふせぐための蓋《きぬがさ》とよばれる傘がついている。その形はきのこにちかいといえる。しかし、中芝・下芝の人や家畜の形というのは、どのようなものなのだろう。『抱朴子』「仙薬」篇にはつぎのようにみえる。

五芝には石芝《せきし》・木芝《もくし》・草芝《そうし》・肉芝《にくし》・菌芝《きんし》がある。それぞれ百種ほどある。石芝は石《せき》象芝《しょうし》である。海のはての名山や島のはしの石をつんでいるところに生える。そのすがたは肉のようであり、頭と尾に四本の足があるものは、まことに生き物のようである。

おおきな石にくっついて、高いみねのけわしいところをえらんで生える。あるいはさかさまに生え、また上向きにつらなっている。赤いものは珊瑚《さんご》のようで、白いものは脂肪《しぼう》のようで、黒いものは沢漆《たくしつ》のようで、青いものは翠《かわせみ》の羽のようで、黄色のものは紫金《しきん》のようである。みな光りかがやいて透きとおり、氷のようである。くらい夜に四百メートルほど離れていてもその光がみえる。

毒キノコのツキヨタケには発光性がある。霊芝ではなくそのたぐいなのだろうか。これをとるには老子《ろうし》入山霊宝五《にゅうざんれいほうご》符《ふ》という、山に入るための護符が必要である。また山の神をまつらねばならないなど、ややこしい手続きがいる。そうして石象芝が手に入ると、

三万六千回、杵《きね》でつき、方寸のさじで日に三回服用する。そうやって一斤（約二百二十二グラム）をのみつくせば、千歳の寿命が得られ、十斤をのみつくせば、万歳の寿命が得られる。

明代に編纂《へんさん》された道教の経典集である『道蔵《どうぞう》』におさめられる、『太上霊宝芝草品《たいじょうれいほうしそうひん》』には、ふしぎな形をした芝の図がのせられている。黄玉芝《こうぎょくし》には、

黄玉芝は蓬莱山に生《は》える。色は黄色で味は辛い。（西王母の夫である）東王父《とうおうほ》がこれをたべ、寿命が九万歳の仙人となった。黄虎《こうこ》と黄魚《こうぎょ》がこれをまもっている。傘は三重にな

っており、下の傘からは三本の枝がでている。かさも茎もみな黄色である。などと記されていて、たんなるキノコではなくなっている。

黄玉芝。『太上霊宝芝草品』より

### 松は毛を生じさせる

植物性の仙薬として、代表的なものが「松」である。「松」は古来、長寿の樹木とされている。『列仙伝』にみえる毛女《もうじょ》は、その松の葉をたべたとされている。

毛女は字《あざな》を玉姜《ぎょくきょう》という。華山《かざん》にすんでいた。猟師は代々その姿をみかけたが、その体には毛がはえていた。彼女はみずからこういっていた。

「わたくしは秦の始皇帝の宮女でしたが、秦がほろび、流浪して山中に入り危難をさけたのです。たまたま道士の谷春《こくしゅん》さまが、松葉を服用することをおしえてくださいました。すると飢え凍《こご》えなくなり、飛ぶように身が軽くなったのです」

百七十余年にわたって毛女の住むいわやから、琴をかなでる音がきこえたという。

「毛女」とは毛むくじゃらの女という意味である。本来、玉姜という美しい名前がある。毛深いのは毛女だけでない。偓佺《あくせん》は身体に長さ数寸の毛が生えており、甯《ねい》先生は「毛身で耳がひろかった」という。

古代の神は半獣半人の姿であったため、神の扮装をするときには毛皮を着た。仙人が毛深いのは、古代の神につながるところがあるからかもしれない。

毛女。『列仙全伝』より

毛女のばあいは、その体毛が防寒の役割をはたして凍えなくなった、という話になっている。偓佺《あくせん》は松の実を服用し、毛女もまた松葉を服用した。松葉は毛髪に似ている。『本草綱目』は松葉の別名を「松毛」とし、「毛髪を生ず」という効能をしるす。また『本草綱目』の注は、松葉をたべると「身に緑毛を生ず」としるす。

『抱朴子』「仙薬」篇にも毛女の話がみえる。そこでは松葉と松実を食べ、衣服はなく身に黒毛を生じ、冬には寒くなく、夏でも暑くない、と記される。そののち、毛女は人間の世界にもどり、穀物をたべるようになった。その結果、あわれにも、身体の毛がぬけおち、年老いて死んでしまったとされるのである。

松葉を食べて体毛を生じるというのも、やはり類感呪術である。仙薬にはこのたぐいのものがおおい。松に関してはほかに、仇生《きゅうせい》が松脂《まつやに》を、赤須子《せきしゅし》・犢子《とくし》・文賓《ぶんぴん》といった仙人が松の実を服用している。常緑の松がいつまでもわかわかしい不老を連想させたからであろう。

**鬼は桃をおそれる**

桃もまた、仙薬として著名なものである。桃は古来、悪鬼をおいはらうものであった。

　桃は鬼《き》のおそれるものだ。（『周礼《しゅらい》』「戎右《じゅうゆう》」注）

というのが、おおくの桃の話に共通する認識である。

春秋時代の衛《えい》の霊公《れいこう》のむすめは、夫が死んだときに「桃湯《とうとう》」で死者の体をあらった（『喪服《そうふく》要記《ようき》』）。また喪のときに、巫祝にさきがけさせて「桃茢《とうれつ》」で悪鬼をはきはらわせた。「桃茢」は桃の木の柄と葦《あし》の穂でつくったほうきのことである。

桃の木で武器をつくることもおおい。桃棓《とうほう》は桃の木でつくった大きなムチ。『淮南子《えなんじ》』にみえる。弓の名人の羿《げい》はこれによって殺された。それ以来、鬼は桃をおそれるようになったという（『淮南子』注）。桃杖《とうじょう》は桃の木でつくったホコの柄。あるいはこれもムチかもしれない。桃弓や桃弧《とうこ》は桃の木でつくった弓。これで、いばらの矢である棘矢《きょくし》を射て凶邪をはらう。いずれも実用というよりは、悪鬼をおいはらう儀式に用いられる。

桃の板も使用された。桃板《とうばん》は元日に門戸にかけた。『荊楚歳時記《けいそさいじき》』はそれを仙木《せんぼく》とよんでいる。そこには本来、悪鬼をはらう呪文が記されていたのであろう。『後漢書』「礼儀志《れいぎし》」にみえる桃印は、長さ六寸（十三・八センチメートル）方三寸（六・九センチメートル）、五色で文字を書き、門戸にほどこす。五月五日に門戸の飾りとする。

桃符《とうふ》は桃の板のうえに神荼《しんと》・鬱壘《うつりつ》の絵をえがき、門神として門にかざる。この二人は鬼門の番人で、悪鬼をつかまえては虎に食わせる。

桃の木で人の形をかたどることもあった。桃孩《とうがい》は桃の木でつくった人形（『戦国策』）。悪鬼をはらうのにもちいる。「孩」は赤ん坊、子供のことである。日本の桃太郎の話ともどこかでつながっているのだろう。桃人は『風俗通《ふうぞくつう》』にみえる。やはり大晦日に葦茭（あしなわのしめなわ）や虎の絵とともに門にかざる。本来、神荼《しんと》・鬱壘《うつりつ》をかたどるのだろう。『論衡《ろんこう》』には大桃人《だいとうじん》とみえる。桃梗《とうこう》もまた桃の木でつくった人形である。葦茭や磔鶏《たくけい》（にわとりのはりつけ）とともに宮殿や寺の門にもうけ、悪気をはらった（『晋書』「礼志」）。

### 桃は「分かれる」

なぜ「桃」には悪鬼をおいはらう力があるのだろう。ふつう『春秋《しゅんじゅう》左《さ》氏《し》伝《でん》』の注により、

桃は凶を逃れるもの。


と説明されている。これは「桃《とう》」と「逃《とう》」の音通によって、意味を説明したものである。「逃」はまた「跳《ちょう》」に通じ、跳躍して逃げることである。

これらの文字の声符はみな「兆《ちょう》」である。兆は、「うらかた」・「きざし」の意味をもつ。

本来、亀の腹甲を焼いたときに、はじけてできる亀裂をいう。これは腹甲を左右対称にやいたときにあらわれた形だという。

『説文解字』には「分かるるなり」としるされている。桃の実は二つに裂け分かれているようにみえる。「桃」は形声字だが、その外見によって「桃」という文字がうまれたのではないか。二つに分かれていることから、悪鬼から別れて逃がれるという意味となったのかもしれない。

『古事記』で、イザナギが黄泉《よみ》の国から逃げだすときになげた桃の実は、まさにその意味であったようにみえる。二つに分かれている桃をなげることによって、あの世とこの世を二つに分けたのであろう。そのことより、鬼から別れて逃げだせるという意味となり、さらに意味が転化して、鬼が桃をおそれる、となったのではないか。

そういった桃のふしぎな力は、体のなかにもとりこまれた。死者の湯灌《ゆかん》に用いた桃湯は、「あかいむちで壁をたたきながら屋壁《おくへき》にまく（『漢書』王莽伝）」こともされたが、「元旦に飲むもの（『荊楚歳時記』）」でもあった。いずれも、屋内や体内にひそむ悪鬼をおいはらうためのものである。

桃によって病気の原因となる悪鬼をおいだせば、寿命がのびる。そのことから桃はまた、仙薬としても用いられるようになった。西王母が武帝にあたえたのも桃であった。

### 実と実がくっついた桃

ここでは『列仙伝』からひとつ、桃に関する話を紹介しよう。

犢子《とくし》というのは鄴《ぎょう》の人である。わかいころから黒山《こくざん》にすみ、松の実や茯苓をとって、粉にしてこねて服用していた。それから、数百年になろうとするのに、ときには壮年、ときには老人、ときには好男子、ときには醜男になってあらわれた。そのため、当時の人は犢子が仙人であると知ったのである。

いつも陽都《ようと》の酒屋にたちよっては酒を買っていた。陽都のむすめというのは市中の酒屋のむすめである。眉は生まれつきつながり、耳は細くて長かった。人々は異相だとおもい、みな「このひとは天人だ」といっていた。

たまたま、犢子が一頭の黄色の子牛をひいて、むすめの酒屋にたちよった。陽都のむすめは犢子を気にいり、そのままとどめて身のまわりの世話をした。陽都のむすめは犢子につきしたがって、どこかへ出かけては桃や李《すもも》をとり、一晩たってもどってくる。その桃や李はみな実と実がくっついており、おいしかった。

村の者がこっそりあとをつけて追うのだが、犢子とむすめは門をでてから、子牛の耳をひっぱって走り、だれも追いつくことができない。そこで人々があきらめてもどってくると、ふたりはもう市中にもどっていた。

かれらは数十年たって陽都をたちさり、潘山《はんざん》のふもとに姿をあらわし、冬に桃や李《すもも》を売っていたといわれる。

実と実がくっついている桃や李は、二本の木の枝がつらなる連理《れんり》と同様に瑞祥であろう。実ではなく「葉がつらなる」になっている版本もある。この実と実がくっついた桃は、おそらく、眉と眉がくっついた陽都のむすめにしか見つけられないものであった。犢子はそれを知っており、ふしぎな桃を手にいれるために陽都のむすめにちかづいたにちがいない。『神農本草経』には、桃核仁《とうかくじん》（「仁」は種子のなかのさね）が仙薬とされている。また師門《しもん》という仙人は、桃や李《すもも》のはなびらを食べていたという。桃の主たる効用は、悪鬼をおいはらうことであった。悪鬼によって病気がひきおこされる。ゆえに悪鬼をおいはらわねばならない。不老不死をめざしながら病気で死ぬようでは、どうしようもないからである。

## 毒おおければ

さて、このような仙薬が、体に害になることはなかったのであろうか。

　服食して神仙を求むるも多く薬の誤るところとなる。

後漢ごろの古詩の一節である。神仙薬による薬害は、はやくより問題にされていた。治病の薬物には本来、毒性のつよいものが多い。その毒の量をコントロールして病気の毒を殺すとき、それは薬としての効力を発揮した。『神農本草経』の下薬には、「毒多ければ久服すべからず」と、薬物の服用にかんする注意が記されている。これは長年の経験にもとづく実証的なものであった。

ところが薬が、病気をなおすという本来の目的をはなれ、神仙薬として用いられはじめたとき薬害も生じたのである。草木薬のなかにも毒物は多い。けれどもそれらは『神農本草経』

のなかでは、治病の下薬として分類されており、その服用は十分に経験がつまれていた。そのため、そういった草木薬の薬害はほとんどなかったとおもわれる。

ところが葛洪は『抱朴子』のなかで、草木薬をしりぞけ、金丹の重要性を説いた。そこには具体的な処方が記される。それらは一見、漢方の処方に似ている。しかし、漢方の処方は経験にもとづくものであったが、『抱朴子』のそれはきわめて観念的なものであった。

一応、数千年の寿をえた仙人が服用したとされているが、そんなものを経験にもとづく処方といいうるはずがない。『抱朴子』は、鉱物がくさらないこと、水銀が循環すること、それを人体にも適用できるという観念によって、鉱物薬の服用を説いたのである。

**焼けた鉄で体をつらぬかれたような**

神仙薬による薬害は、唐代に多く発生している。

唐の韓愈《かんゆ》（七六六〜八二四年）は文章家として知られる。かれの書いた墓誌銘《ぼしめい》「故太学博士李《こたいがくはかせり》君墓誌銘《くんぼしめい》」のなかに、薬害の例が八つ記されている。

工部尚書（建設大臣）の帰登《きと》の症状はつぎのように記される。

帰登は水銀を食して発病した。みずからこういっていた。

「焼けた鉄の杖で、頭のてっぺんから下までつらねかれ、それがくだけちって火となり、体の竅《あな》（耳・目・鼻・口・排泄器官）や関節が矢で射られたようだ。気が狂うほど痛く、わめきちらして、痛みをとめてくれとこいねがう」

かれのへやにはいつも水銀があった。発病してからしばらく症状が安定していたが、唾に血がまじり、数十年たって死んだ。

また李虚中《りきょちゅう》は背中に疽《そ》とよばれる悪性のはれものができて死んだ。李遜《りそん》は危篤《きとく》のときに韓愈に、「私は薬のために身をあやまった」といいのこした。李遜の弟の李建《りけん》は、ある朝、病気でもないのに死んだ。

盧坦《ろたん》は、死ぬときに血尿がでて、体の痛みはたえられないほどだった。かれはいっそのこと殺してくれといって死んだ。また李道古《りどうこ》は、方士の柳泌《りゅうひ》が死罪となったことにより、秘薬を手にいれて食したが五十歳で死んだ。

当時、神仙薬が流行し、その薬害がすくなくなかったことがわかる。またその症状はすさまじいものであった。

この墓誌銘をあらわして一年たらずのうちに、韓愈自身も亡くなっている。それには薬害のために命をおとしたという説がある。白楽天《はくらくてん》は「思旧《しきゅう》」という詩のなかで、こう記している。

退之《たいし》（韓愈）は硫黄《いおう》を服し、ひとたび病んでついに痊《い》えず。

韓愈は水銀化合物の金丹には十分に注意をはらっていた。かれは孟簡《もうかん》という人物から仙薬をもらっているが、おそらく手をつけていないであろう。かれが服用したとされるものは硫黄であった。

「硫黄」は『抱朴子』「仙薬」篇にも登場するが、治療薬としても用いられる。純粋な硫黄は無毒とされる。しかし、天然の硫黄は砒素《ひそ》をふくみ、『本草綱目』でも有毒とされている。韓愈がもし本当に硫黄を服用して死亡したとすれば、なんとも皮肉な話である。

### 唐の天子の中毒死

唐の天子、二十代のうち、つぎの六天子が薬物中毒にかかっている。清の趙翼《ちょうよく》（一七二七～一八一四年）は『廿二史箚記《にじゅうにしさっき》』で「唐の諸帝おおく丹薬《たんやく》を餌《じ》す」という項目をたて、この問題を論じている。

趙翼の記事には多少あやまりがあるため、史書にもとづいて、簡単にかれらの生卒年・在位期間・症状等を記してみよう。

| | | 在位 | 卒年 | 症状その他 |
|---|---|---|---|---|
| 二代 | 太宗 | 六二六〜四九 | 五十一 | 胡僧、那羅邇婆娑《ならじばさ》のつくった延年薬。中国の薬ではない。 |
| 十一代 | 憲宗 | 八〇五〜二〇 | 四十二 | 山人、柳泌の薬。僧大通《だいつう》もかかわる。のどがかわく。怒りっぽい。 |
| 十二代 | 穆宗《ぼくそう》 | 八二〇〜二四 | 二十九 | 方士にまどう。金石の薬。 |
| 十三代 | 敬宗 | 八二四〜二六 | 十七 | 道士、劉従政《りゅうじゅうせい》が異人の薬をもとめた。 |
| 十五代 | 武宗 | 八四〇〜四六 | 三十二 | 方士にまどう。はだのつやがきえ、のどがかわき、喜怒がふつうでない。 |
| 十六代 | 宣宗 | 八四六〜五九 | 四十九 | 太医、李玄伯の丹剤。のどがかわき、背中に疽《そ》ができた。 |

これをみると、道教の道士だけでなく、仏教の僧侶もまた神仙薬にかかわっていたことがわかる。また胡や異人の薬といった、西方からもたらされた薬を貴んだようすもある。その内容がわからず神秘的なため、効力があるようにみえたのであろう。

天子は神仙薬が危険なことを十分に承知しながら、おなじあやまちをくりかえした。穆宗《ぼくそう》は、憲宗《けんそう》を死にいたらしめた柳泌《りゅうひ》や大通《だいつう》を死刑にした。それなのに、また方士にまどわされ、金石の薬を服用して命をおとした。穆宗をついだ敬宗《けいそう》も、また長生久視《ちょうせいきゅうし》の術を説く劉従《りゅうじゅう》政《せい》などを信任した。

趙翼はつぎのように述べている。

穆宗や敬宗は昏愚《こんぐ》（ばか）で、まどわされてもあやしむにたりない。しかし、太宗・憲宗・武宗・宣宗はみな英明な君主であった。どうしてむざむざと身をもって丹薬に殉じたのであろう。生をむさぼろうとする心がつよすぎて、かえって死を早めたのである。

けれども神仙薬の服用には、微妙な心理がはたらいている。『新唐書《しんとうじょ》』「李抱真《りほうしん》」伝には、おおよそつぎのような内容が記されている。

李抱真は代宗《だいそう》のときに数々の武功をたてた将軍である。世の中がおちついたあと方士を好み、不死となれると信じた。孫季長《そんきちょう》が丹薬をつくり、

「これをのめば仙人となれる」

といった。抱真は、

「秦や漢の皇帝がみつけられなかったものを手にいれたぞ」

と人々に自慢した。その夜、鶴にのる夢をみた。夢からさめて木を彫刻して鶴をつくり、羽毛の服を着て鶴にのる練習をした。

そして丹薬、二万丸をのんで、食事ものどをとおらなくなり、いまにも死にそうになった。医者が猪《ぶた》の脂肪と穀《こうぞ》と漆《うるし》を下剤としてあたえ、すこしおちついた。

そこにまた孫季長がやってきて、

「もうすこしで仙人となれたのに、なぜやめてしまうんだ」

といった。そこでさらに三千丸を服用して亡くなった。

趙翼はこの話の概略を紹介したあと、

すなわち真愚《しんぐ》にしてあわれむべし。

とのべている。薬の服用をやめれば、当面の命はたすかるが不老不死の神仙にはなれない。当人にとっては真剣な問題であったのだろう。

それにしても丹薬をすすめた方士たちには、丹薬を服用した形跡がみられない。方士の目的は、丹薬をたかく売りつけて金もうけをすることにあった。本来、まず方士に服用させて神仙になりうることをたしかめるべきであった。そんなことにも気づかぬようでは真愚といわれてもいたしかたない。

## 外丹から内丹へ

神仙薬をのんだ諸天子は短命におわった。ところが同様に丹薬を服用したとされる則天武《そくてんぶ》后《こう》は、八十一歳まで生きた。趙翼はこれについてもおもしろいことをいっている。

女の体は本来、陰だから、燃えるようなはげしい薬をのんでもかまわない。ところが（陽である）男の体にとっては、火でもって火をたすけるようなもので、水分がつきて身がカラカラになるのではないか。

伝統的な陰陽思想による解釈であって、これをそのままうけとるわけにはいかない。しかし、薬にたいする抵抗力には男女差があるのかもしれない。

このように、神仙薬の服用はどうしても危険をともなう。そこで、体の内部で丹薬をつくりだす「内丹《ないたん》」ということが考えだされた。臍《へそ》の下、三寸のところを丹田《たんでん》というが、そのあたりで丹薬がつくりだされると考えたのであろう。

「内丹」は実際に薬がつくりだされることではない。薬がつくりだされたと想像することである。実際にホルモン等の内分泌がかわることがあるのかもしれない。しかし、いわゆる薬ではない。

「内丹」は、胎息《たいそく》や吐故《とこ》納新《のうしん》といった呼吸法として、理解されることがおおい。それについては「行気《こうき》」の項でくわしくのべる。

「内丹」は、外部から金丹などの鉱物薬を服用する「外丹《がいたん》」とくらべれば、安全なものであった。そのため、「外丹」の効果にうたがいを抱いたものたちは、しだいに「内丹」を重視するようになる。

左邊氣脉不通右
手行功意引在左
右邊不通左手行
功意引在右各運
氣五口

# 第五章
# 「気」の長寿法

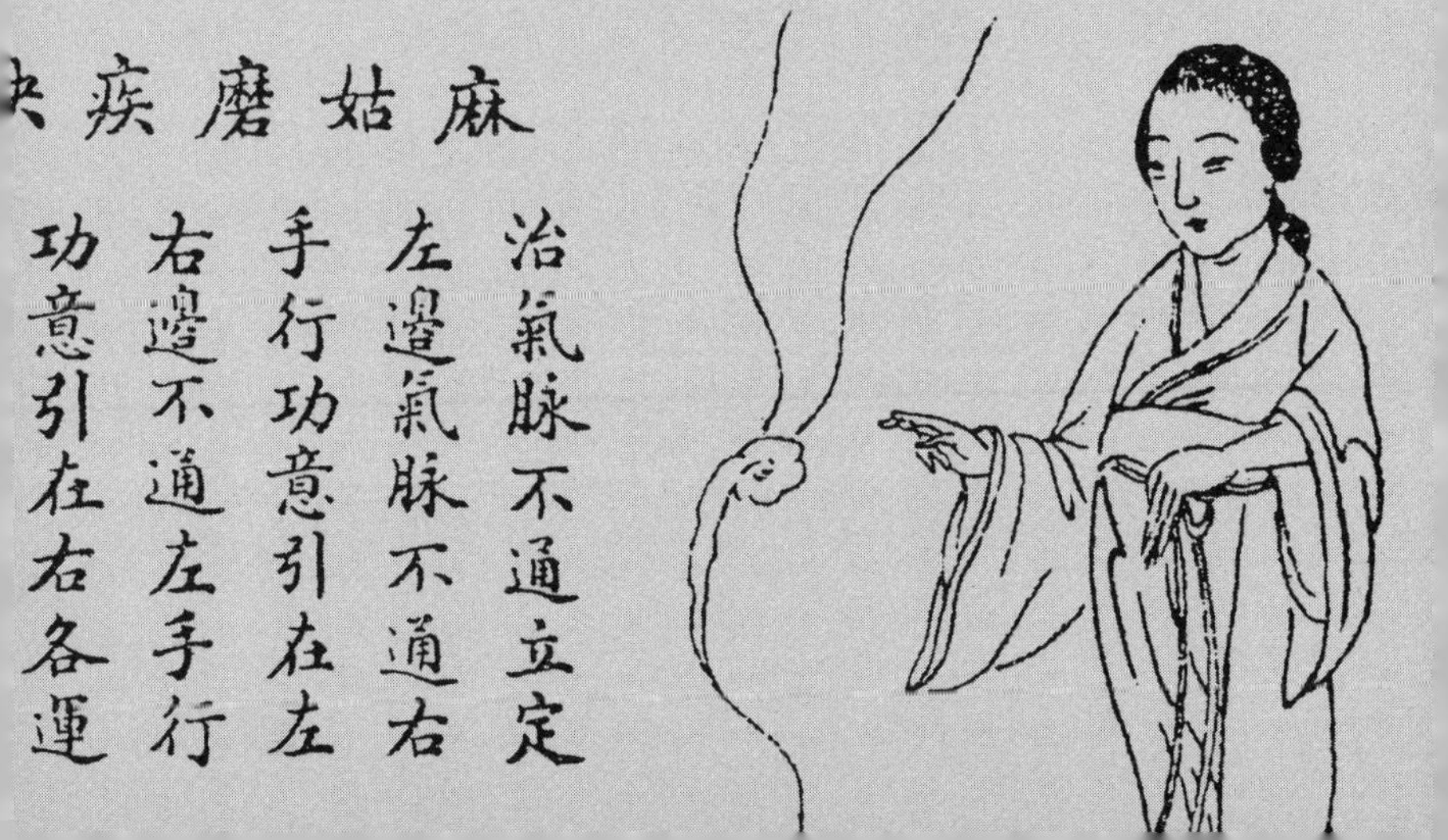
麻姑磨疾
治氣脉不通立定
左邊氣脉不通右
手行功意引在左
右邊不通左手行
功意引在右各運

## 吐故納新

ここでは服薬以外の昇仙法について紹介したい。まず「導引《どういん》」について考察する。導引は「道引」ともしるされる。『荘子《そうじ》』「刻意《こくい》」篇にはつぎのようにみえる。

息を吹いたり、呴《は》きかけたり、呼《は》いたり、吸ったりして、故《ふる》い気を吐きだして、新しい気をとり納《い》れる。熊経《ゆうけい》（熊が木の枝にぶらさがるかっこう）をしたり、鳥申《ちょうしん》（鳥が空をとぶときに脚をまっすぐうしろにのばす姿）をまねたりするのは、ただただ寿命をのばしたいという目的のためにである。

これらは道引《どういん》の士、養形《ようけい》の人、それに彭祖などの長寿の人の好むところのものである。

「導引」とは、熊や鳥といった禽獣《きんじゅう》の姿形などをまねておこなう体操のことだと理解されている。

これは「行気《こうき》」とよばれる呼吸法とくみあわされることがおおい。行気の基本原理は「吐《と》故納新《このうしん》」にある。これはふるい気を吐きだし、あたらしい気をいれることによって、新陳代謝を促進し、体を活性化させ、わかさをたもつという考え方である。

「導引」という語はふつう、体内に新鮮な気を「導き引きいれる」ことと理解されている。馬王堆《まおうたい》から出土した「導引図《どういんず》」をみると、「導」の文字はみえないが「引」はある。

引厀痛《しつ》（厀は膝におなじ）。

引髀痛（髀は脾におなじ。痺という説もある）。

といった説明が図につけられている。

「引厀痛」の「引」は、気を患部にまで引きいれることによって、病気、つまり邪気によっておこる痛みをおしだすことだと解釈されている。しかし、これには別解釈もあり、病気による痛みを「引きだす」ことだともいわれる。それだと「引厀痛」は「膝の痛みを引きだす」ということになる。

古代の中国では、病気は悪鬼や邪気によってひきおこされると考えられていた。悪鬼が体内に入りこめば呪文や薬で追いだせばよく、邪気が体内にあれば呼吸法によって吐きだせばよいのである。

導引図をみると、口をあけているものがおおい。これは精気をすい、邪気を吐きだしているのだろう。導引が呼吸法の行気とあわせておこなわれる理由はそこにある。

前漢初期の墓、馬王堆から出土した「導引図《どういんず》」には、四十四の図がのせられている。これをみれば、当時の導引の状況をかなり具体的に知ることができる。

病気をなおすための導引には、患部をさすっているようなものがある。これは按摩《あんま》にちか

導引図

い。『黄帝内経素問《こうていだいけいそもん》』「血気形志論《けっきけいしろん》」の「按摩」の唐、王冰の注釈にはこうみえる。

按摩は閉塞《へいそく》を開通し、陰陽を導引するものだ。

『黄帝内経素問』は、陰陽の原理にもとづく医学理論の書である。この書の原型の『黄帝内経』の名は『漢書』「藝文志」に著録されている。ここでは「按摩」を、陰陽の原理と導引の語によって理解する。このばあいの「導引」は、「導き引く」という意味である。「閉塞を開通する」というのは「こりをほぐす」ことであろう。

唐には按摩師《あんまし》という按摩専門の官職ができた。導引図では、人に按摩をしてもらっているものはなく、自分で患部をさすっている。これはしいていえば自己按摩ということになる。現代中国では推拿と呼ばれている。

## 流水は腐らず

『荘子』「刻意」篇にみえた「熊経《ゆうけい》」には、さまざまな解釈がある。さきに、

熊が木の枝にぶらさがるかっこう。

と訳したのは、『後漢書』「華佗伝《かだでん》」の注釈によった。これは「経」の字に「ものをぶらさげる」という意味があるからである。『荘子』の司馬彪《しばひょう》の「釈文《しゃくもん》」は、

熊が木によじのぼる、あるいは、木によりかかって気をひく。

と理解している。

導引図にも「熊経」の図（前掲『導引図』、最下段、左端）がある。ところが、この図をみても、木にぶらさがるかっこうはしていない。これは『淮南子《えなんじ》』「精神訓」の「熊経鳥伸《ゆうけいちょうしん》」につけられた、

経とは動き揺《ゆ》するなり。

という注釈が正鵠《せいこく》を射ているのであろう。これは熊が二本足でたってブルブルと体をゆり動かしている様子ではないかとおもう。ではなぜ、体を動かすことが体によいのだろう。『呂氏春秋《りょししゅんじゅう》』「尽数《じんすう》」

流水は腐らず、戸枢《こすう》は螻《ろう》せず。

と記されている。「流れる水は腐らず、開き戸の枢《とぼそ》つまり回転軸は虫が食わない」。これは、いつも動いているものは腐ったり、虫に食われたりしないという経験的知恵にもとづくものであろう。

導引はようするに体操であるが、理論的にはこの「流水不腐」によって説明される。後述の「華佗《かだ》」もこの原理によって弟子の呉普《ごふ》に導引をすすめている。

## 獣の姿をまねる

導引は、熊や鳥以外にも禽獣の姿形をまねることがおおかった。『淮南子』「精神訓《せいしんくん》」にはこうしるされる。

鳧《かも》のように水浴びし、蝯《てながざる》のようにおどりあがり、鴟《ふくろう》のように視《み》、虎のようにふりかえる。

「導引図」には「螳狼《とうろう》（螳螂に同じ。かまきり）」・「鶴譚《かくたん》（鶴が伸びをする）」・「龍登《りゅうと》（龍が天にのぼる）」・「木猴讙《もっこうかん》（さるがさわぐ）」・「熊経《ゆうけい》」・「鸇《はやぶさ》」等々といったものが記されている。

これらは後世、華佗の「五禽戯《ごきんぎ》」としてまとめられる。華佗は名医として著名である。かれは方薬《ほうやく》や鍼灸《しんきゅう》にくわしかったが、薬や鍼でもだめなときは酒と麻沸散《まふつさん》という薬をのませた。そして患者が酔って知覚をなくしているうちに開腹手術をし、病巣をとりのぞいたという。これは麻酔による外科手術だといわれている。その華佗が弟子の呉普《ごふ》にこう説いた。

人の体というのは動きたいとおもうものじゃ。だが、はげしい運動はだめじゃ。体をゆり動かすと穀物の気は消え、血脈は流れ、病気は生じぬ。これはたとえば開き戸の軸が朽ちないのと同じことじゃ。

だから、いにしえの仙者は導引をしたのじゃ。熊みたいにぶらさがったり、鴟《ふくろう》みたいに首だけふりかえったり、腰や体を引っぱったり、あちこちの関節をうごかしたりした。そうやって老いないことをもとめたのじゃ。（『後漢書』「方術列伝」華佗伝および注）

体の関節はつねに動かしていないとかたくなる。そのため、意識的に柔軟体操をする。

わしに一術がある。なづけて五禽戯《ごきんぎ》という。一にいわく「虎」。二にいわく「鹿」。三にいわく「熊」。四にいわく「猨《さる》」。五にいわく「鳥」。これは病気をとりのぞくだけでなく、足をじょうぶにするのじゃ。だから導引をせねばならぬ。

体の調子がわるければ、たちあがって一禽の戯《ぎ》をすればよい。そうすればなんだかたのしくなって汗が出てくる。そこで粉をつければ体が軽くなって食欲が出てくる。（「同右」）

「粉」というのは「天花粉《てんかふん》（澱粉《でんぷん》）」のたぐいの汗どめだろう。『本草綱目』の「汗」の項には「粳米《うるち》の粉を、はたくようにつける」としるされている。

華佗は百歳ちかくなっても、わかわかしいようすであり、当時の人々は仙人だとおもっていた。華佗から五禽戯をさずけられた呉普もまた、九十歳をこえても耳はよくきこえ、目ははっきりとみえ、歯も完全であったとされる。

「五禽戯」がどういったしぐさをするのか、ここではよくわからない。『養性延命録《ようせいえんめいろく》』「導引按摩篇」はそれを具体的に記している。

虎戯は四肢で地をけっておどりあがり、すすんでは三度はいつくばり、しりぞいてはふりかえり、二度はいつくばる。腰をおおきくうしろにひき、足をちぢめ、天をあおいではふりかえる。またおどりあがっては前後にすすむ。これを七度くりかえす。

鹿戯《ろくぎ》は四肢で地をけり、項《うなじ》をひいて、ふりかえること、左に三度、右に二度おこなう。左右の脚をのばしたり、まげたりすることをまた二度、三度おこなう。

熊戯《ゆうぎ》は正面をむいて天をあおいでから、両手で膝の下をかかえる。頭をあげて左側に地面をたたくこと三度、右にもまた七度おこなう。地面にうずくまり、手でもって左右に地面をささえる。

猨戯《えんぎ》はものによじのぼってぶらさがり、体を伸縮させること、上下に十七回おこなう。つぎに脚をものにひっかけてさかさにぶらさがり、左右に七度ゆらす。手を鉤《かぎ》のようにまげて、しりぞいて立ち、頭をおさえることを、それぞれ七度おこなう。

鳥戯《ちょうぎ》は両手をあげて片足をあげ、両ひじをのばし、眉をあげ、力をいれることをそれぞれ十四度おこなう。すわって脚をのばし、手で趾《くるぶし》をひっぱることをそれぞれ七度おこなう。両ひじをのびちぢみさせることを、それぞれ七度おこなう。

禽獣のしぜんな動作には、ふしぎな美しさがある。人は直立歩行をしているが、それはやはり不自然な姿形なのであろう。禽獣の動作をまねて運動することには、背骨の負担をやわらげるなどの実際的な効果もあったとおもわれる。

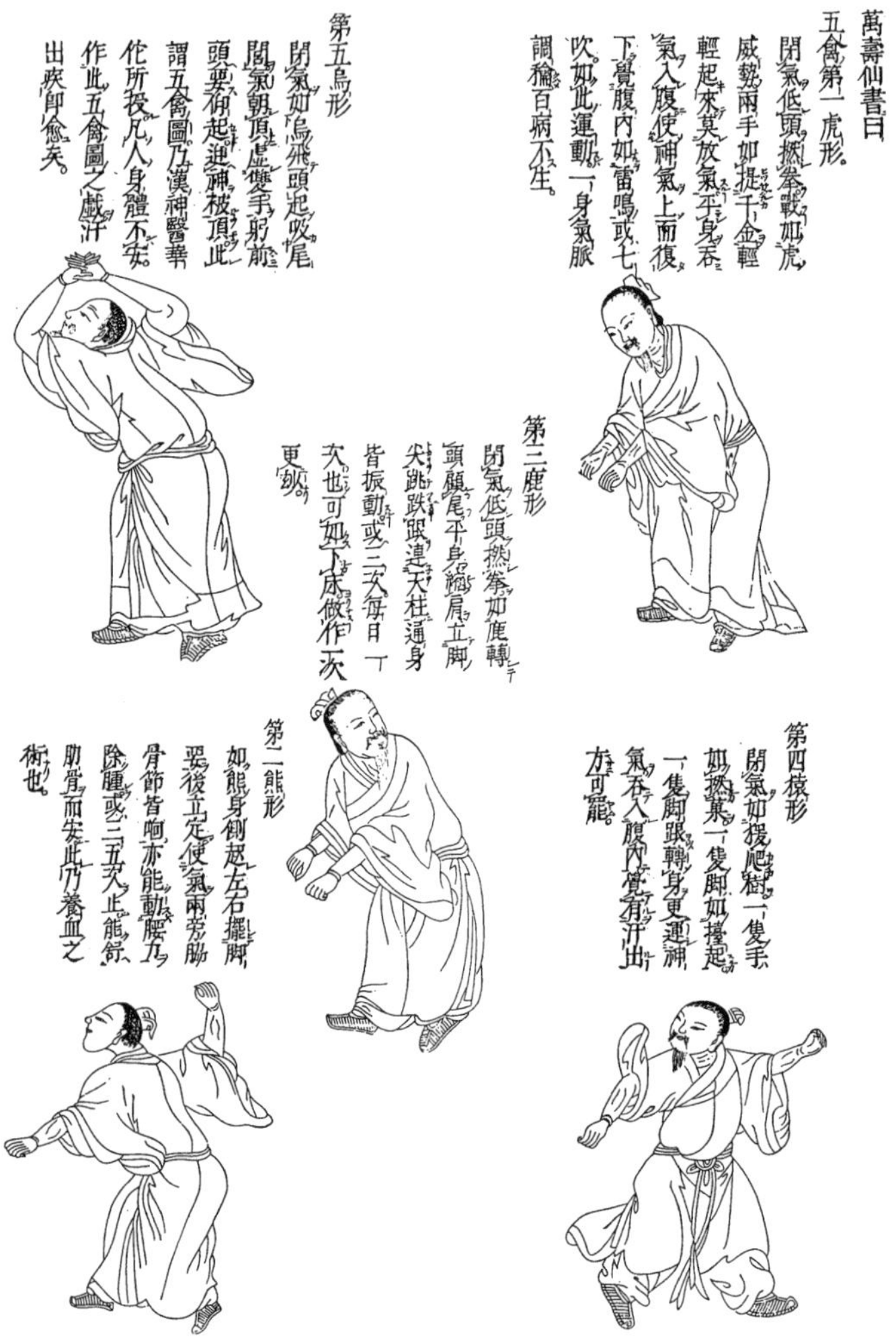
萬壽仙書曰
五禽第一虎形。
閉氣低頭撚拳戰如虎威勢兩手如提千金輕輕起來莫放氣平身吞氣入腹使神氣上而復下覺腹內如雷鳴或七吹。如此運動一身氣脈調龢百病不生。
第二熊形
如熊身側起左右擺脚要後立定使氣兩旁脇骨節皆响亦能動腰力除腫或三五次止能舒肋骨而安此乃養血之術也。
第三鹿形
閉氣低頭撚拳如鹿轉頭顧尾平身縮肩立脚尖跳跌跟連天柱通身皆振動或二三次每日一次也可如下床做作一次更妙。
第四猿形
閉氣如猿爬樹一隻手如捻菓。一隻脚如擡起一隻脚跟轉身更運神氣吞入腹內覺有汗出方可罷。
第五鳥形
閉氣如鳥飛頭起吸尾閭氣朝頂虛雙手躬前頭要仰起迎神被頂此謂五禽圖乃漢神醫華佗所授凡人身體不安。作此五禽圖之戲汗出疾即愈矣。

五禽戯（虎・熊・鹿・猿・鳥）。『古今養性録』より

### 導引が寿命をのばす

『養性延命録』は、「五禽戯」をつづければ「かならず年をのばすことができる」と説く。

導引が寿命をのばすという話は、『荘子』「刻意」篇のなかにすでにみえていた。そこにあらわれる彭祖《ほうそ》は長寿者として有名であった。『荘子』の本文には、かれが何歳まで生きたかという記述はない。けれども、のちには七百歳あるいは八百歳とされるのである。彭祖は後世、房中術に長じた仙人とされるが、初期の彭祖は導引をおこなった仙人である。

導引と昇仙の関係は、前漢初期の「張良《ちょうりょう》」の話のなかにもみえる。張良は漢の高祖の軍師として知られているが、漢が天下を統一したあと隠棲してしまう。

張良はうまれつき病気がちだったが、道引して穀物を食べなかった。門をとざしてとじこもったまま外出しないこと一年あまり。（『史記』「留侯世家《りゅうこうせいか》」）

張良の封ぜられた「留《りゅう》」の地は、彭祖伝説の地「彭城《ほうじょう》」に近接している。留と彭城はわずか四十キロメートルほどの距離である。「留」のあたりにも導引が流行しており、張良も留侯《りゅうこう》となったのちにその影響をうけたのであろう。かれは、

「世間のことをすてさって赤松子《せきしょうし》にしたがって遊びたいものだ」

といって辟穀《へきこく》・道引を学んで身を軽くした。

この部分は『漢書』の「張良伝」にもあるが、そこでは「身を軽くす（軽身）」が「軽挙《けいきょ》」になっている。「軽身」は健康術の結果「身体が軽くなる」ことだが、「軽挙」となると仙人となって空に舞いあがることとなる。

ここにみえる「赤松子」は「赤誦子《せきしょうし》」ともよばれる。前漢の文献には「王喬《おうきょう》」という人物と二人で登場することがおおい。『淮南子《えなんじ》』「斉俗訓《せいぞくくん》」にはつぎのようにみえる。

いまあの王喬や赤誦子は吹嘔呼吸《すいくこきゅう》し、故《ふる》い気を吐き新しい気をいれ、自分の肉体をわすれ、知恵をすてさり、素朴な心をいだき、真実にたちかえり、玄妙な境地にあそび、空にのぼっては雲や天と通ずるのである。

ここは導引というよりは行気であろう。ここでは老荘思想の「肉体をわすれ、知恵をすてさる」といった境地とあわせて説明されている。そのあとの「空にのぼっては雲や天と通ずる」というのは、比喩ととらなければ、昇仙をしめすことばである。

**気を食す**

さてここで、気を体に取り入れる方法について紹介しよう。馬王堆からは、辟穀と食気に関する文献も出土した。それは「却穀食気篇《きゃくこくしょくきへん》」となづけられている。辟穀とは穀物を辟《さ》けて食べないことである。そのかわりに「食気」、「気」を食するのである。

穀物をさけるものは石韋《せきい》をたべる。

とある。石韋は『神農本草経』や『名医別録』にみえる仙薬である。『名医別録』には、

五労を補し、五臓をやすんじ、悪風を去り、精気をます。

と記されている。石韋は「いわのかわ」といわれる。石の上に群生し、その葉が韋《なめしがわ》のようであるためにこの名がある。

「寿は金石のごとし（「漢仙人不老佳鏡」の銘文）」とあるように、かたい石には水遠の寿命があるとされた。石の上に生える「石韋」は、石から養分をとっているようにみえたのだろう。石韋を食することとは、石の寿命を体内にとりこむことである。

石韋は、ついたちから食べはじめる。その量を十五日かけてふやしていき、満月のときにもっとも多くし、また十五日かけてへらしていく。月のみちかけにあわせるのである。

気を食する回数も、こまかくさだめられていた。

気を食するものは息をはいたりふいたりする。起床と就寝時におこない、起床時よりはじめる。およそ息をはくのは、すいこんでからふいてだす。二十歳のものは朝に二十、暮れに二十おこない、二日目の暮れには二百おこなう。三十歳のものは朝に三十、暮れ

に三十おこない、二日目の暮れには三百おこなう。これを標準の数とする。

「食気」は朝暮におこなうが、年齢によって回数がことなる。このあと欠文があって読みづらいが、春夏秋冬によって、食してよい気とよくない気があることをしるしている。「朝霞《ちょうか》」は食してよい気である。仙人が「霞を食べる《かすみ》」という話は、このあたりに端を発しているのだろう。ただし「霞《か》」の意味は、日本語のいわゆる霧のような「かすみ」とはことなる。『楚辞《そじ》』「遠遊《えんゆう》」の「朝霞」の注にはつぎのように説明される。

春には朝霞を食す。朝霞とは、太陽がまさに出ようとするときの赤黄色の気である。

朝霞は、日の出まえの朝焼けの気である。これはおそらく赤色の気を食することに意味がある。丹砂のところで説明したが、「赤」は本来、血の色であり、生命力の象徴である。赤色の気を食することによって生命力をますと考えられたのであろう。

現代中国語でも「霞《か》」は、赤くそめられた空の色をいう。「朝霞《チャオシア》」で朝焼け、「晩霞《ワンシア》」で夕焼けの意味である。

霧のような気は、むしろ、食してはならないものであった。春の気である「濁陽《だくよう》」は、濁陽というのは、黒く四方にふさがる天の乱れた気である。太陽がのぼって霧となる。

と記されている。秋の気である「霜霧《そうむ》」もまた食してはならないとされている。

### 石の髄を食す

ここで行気をおこなった仙人の話を紹介してみよう。

邛疏《きょうそ》は周の封史《ほうし》という官についていた。気を行《めぐ》らし、形を錬ることができた。石髄《せきずい》を煮て服用した。これを石鍾乳《せきしょうにゅう》という。そうやって数百年たって太室山のなかに入った。そこには邛疏がよこたわった石のベッドと枕がある。

邛疏は「行気」をおこなったが、同時に「錬形《れんけい》」すなわち「導引」もおこなっている。そのさい、薬も服用している。この薬はどうやら辟穀薬らしい。さきに辟穀薬として石韋をあげた。ここの「石髄」・「石鍾乳」もまた、石にかかわる薬である。「石髄」は、『本草綱目』に引く『仙経』には、

神山が五百年に一度ひらいて石髄がでてくる。これを服用すると長生きする。王列《おうれつ》というものが山にはいって、石の裂けたところに石髄をみつけてこれを食べた。

とするされている。これによれば、石髄はまさに石の髄である。『本草綱目』は、邛疏の話にみえる「石髄を煮た」ものは、「鍾乳《しょうにゅう》」だとのべている。「石鍾

乳」は、鍾乳石の尖端からしたたりおちる乳水をいう。

『本草綱目』は「石の津気《しんき》（汁、唾液）があつまって乳滴となる」という。石韋は石の上に生え、石の精気を吸収した植物であったが、ここでは石そのものの汁であり、石のエッセンスである。それを体内にとりこむことによって、石のような寿命を期待したのであろう。なお『抱朴子』「雑応」篇にも、辟穀のさいに諸石薬を服用することが記されている。

**穀物の濁った気**

ここで、辟穀についてすこし紹介しておこう。辟穀は断穀《だんこく》・絶穀《ぜっこく》・絶粒《ぜつりゅう》などともよばれる。穀物をたべないことである。穀物の気は、濁ったものだと考えられていた。そのため、穀物をたべることは、不老不死の神仙をめざすものにとって有害だとされたのである。

現代科学によれば、人間の体は半年程度で、骨もふくめて体の細胞がすべていれかわるという。人間は外界からたえず物質をとりこみ、細胞をリフレッシュしていく必要がある。外界から物質をとりいれる方法は二つある。一つは呼吸であり、もう一つは飲食である。

呼吸の原理は、「吐故納新《とこのうしん》」によって、ふるい気を吐きだしあたらしい気をとりいれることにある。濁った気は体に害があるため、清らかな気をとりいれた。それによって清らかな肉体に変化していき、不老不死の仙人の肉体にちかづけると考えたのである。

ところが、いくら呼吸術によって清らかな気を服用しても、濁った気の食物をたべていれば意味がない。行気とともに辟穀をおこなわねばならない理由はここにある。

穀物の代表である五穀は、「麻（あさの実、またはゴマ）」「黍《しょ》（もちきび）」「稷《しょく》（うるちきび）」「麦」

「豆」をいう。「稲」や「菽《しゅく》（まめ）」をかぞえることもある。「穀《こく》」の字には「養う」という意味があるが、「穀は人を養うもの（『周礼』「大宗伯」注）」であり、それなしでは人は生きていけないものであった。

穀物はふつうの人がふつうに食べるものであった。それを食べているかぎり、ふつうの人にしかなれない。仙人になるためには、ふつうの人がふつうに食べるものを食べてはいけない。そう考えて穀物をたち、ふつうの人がおよそ食べようとおもわない、石や金属を食べたのであろう。異常な感覚であるが、そもそも仙人は常に異なる人であった。

『抱朴子』「雑応」篇は辟穀に関してつぎのような話を記している。

わたしは、しばしば浅薄な道士の輩をみかける。……ただ羹《あつもの》や飯をくらわないというだけで、まっぴるまから酒を一斗（二リットル）あまりも飲んでいる。そして脯《ほ》・腊《せき》（薬味をつけたほしにく）・粭《い》（あめ）・糒《ほ》（もち）・棗《なつめ》・栗・卵のたぐいをたえず口にいれている。あるものはおおいに肉をくらって、しゃがんではカスを吐きだし、一日に数十斤（十斤で二・二キログラム）も口にいれる。かれらはたんに美食をしているのである。だいたい酒飲みは、酒をのんで脯をくらうだけで穀物をたべないので、かれらはたんなる酒飲みである。こういうことをしながら、みな半年や一年は飢えに耐えられ、なんともないといっている。こんなものを絶穀とはよべないのである。

穀物が濁った気なら、肉の類はいわずともしれたことだが、つごうよく意味をとりちがえる者たちがいた。『抱朴子』は辟穀の意味を理解しないものとして、そういった道士たちをバカにしている。

**胎児の呼吸をめざす**

さて後世、行気は、むしろ息をしないことをめざした。その理想のかたちは胎児の呼吸、すなわち「胎息《たいそく》」にある。『抱朴子』「釈滞《しゃくたい》」にはこうしるされる。

行気をおこなえば百病をなおし、疫病をなおし、蛇や虎の害にあわず、できものをなおし、水中に居ることができ、水上をあるくことができ、飢えや渇きをさけ、寿命を延ばせる。その大要は胎息にある。胎息ができるようになれば、鼻や口で呼吸しない。胞《ほう》胎《たい》（えな、胎児をつつむ膜）のなかにいるようにすれば、道は完成するのである。

母親の子宮のなかにいる胎児は、口から空気をとりこむ呼吸をしないが、窒息することはない。それはふしぎなことだと考えられたのであろう。

『老子』は嬰児《えいじ》を理想としている。

気を専《もっぱ》らにし、からだを柔らかくし、嬰児のようになれるか。（第十章）

「気を専らにする」は、『河上公注《かじょうこうちゅう》』によれば「精気を専守する」とされている。また、徳の厚さは赤子にくらべられる。蜂やサソリ、蝮《まむし》や蛇も刺さないし、猛獣もつかみかからず、猛禽もとびかからない。骨は弱く筋肉も柔らかいのに、こぶしをかたくにぎっている。まだ男女の交わりを知らないのにチンチン［全（王弼）・朘（馬王堆）・峻（河上公）］が立つのは、精の至りである。一日じゅう泣いても声がしわがれないのは、和の至りである。（第五十五章）

嬰児が一日じゅう泣いても声がかれないのは、気が充実しているからだと考えられた。嬰児となるまえが胎児である。胎児の呼吸である胎息は、呼吸をしない呼吸である。それは嬰児の呼吸よりも、さらにすぐれたものと考えられたのであろう。

これは「閉気《へいき》」とよばれる呼吸法となった。「閉気」とは気を閉じるということで、息を吐かないようにすることである。具体的には、唾液によって吐く息を胃におくりこむことだとされる。まさに気を食したのである。

## 一を守る

胎息や閉気は「守一」、すなわち「一を守る」といった道教の修養法とむすびついていく。「一」は万物の根源、はじまりをあらわすことばである。『老子』には、

道は一を生ず。（第四十二章）

とある。「道」は万物の本源をあらわす道家の語である。『淮南子《えなんじ》』はこれをうけて、

道は一よりはじまる。（「天文訓」）

とのべる。ここでは「道」と「一」の位置が逆転し、「一」のほうが「道」よりも根源なものとされている。『抱朴子』は、

道は一より起こる。（「地真」篇）

と、『淮南子』と同様の解釈を示す。ここまでは、道家思想の根本原理をしめす抽象的表現のようにみえる。

けれども『抱朴子』の説く「一」は、きわめて具体的な存在である。『抱朴子』は『仙経』を引用して、つぎのようにのべる。

長生を欲するならば、一を守らねばならない。

その「一」の形状は、つぎのように説かれている。

一には姓名や字《あざな》、きまった衣服の色がある。男は長さ九分（二・二センチメートル）、女は長さ六分（一・四センチメートル）。臍《へそ》の下、二寸四分（五・八センチメートル）の下丹田《たんでん》にいる。あるいは心臓の下の黄金の門をもつ絳《あか》い宮殿である中丹田にいる。あるいは眉《み》間《けん》にいる。その奥、一寸（二・四センチメートル）のところが明堂《めいどう》で、二寸のところが洞《どう》房《ぼう》で、三寸のところが上丹田である。

「一」は抽象的な原理ではなく、姿形をもったものとして描かれるのである。そして、人が一を守ることができれば、一もまた人を守る。（「地真」篇）

と「一」が守護神の役割をはたし、白刃や百害から逃れうるというのである。

**体内の神々**

これは体内神の考え方とおなじである。人の体内には神々がやどると考えられ、五臓《ごぞう》（心・肺・脾・肝・腎）には五臓神《ごぞうしん》がいるとされた。五臓は、

いわゆる五蔵とは、精気を蔵《ぞう》して吐きださないことだ。（『黄帝内経素問《こうていだいけいそもん》』「五蔵別論《ごぞうべつろん》」）

と説明され、精気のやどる場所とされている。

肺から気をとりこむ。それは血となって心臓につながり、脾臓《ひぞう》や肝臓、腎臓といった五臓をめぐり、そこに蔵される。その経路は、胃や腸といった食物の経路とはことなっている。古代の中国人もそのことに気づいていたのであろう。『太平経《たいへいきょう》』「斎戒思神救死訣《さいかいししんきゅうしけつ》」篇にはつぎのようにとかれている。

四時五行《しじごぎょう》の気がやってきて、人の腹のなかにはいり、人の五蔵の精神となる。

この文章はこのあと、つぎのようにいいかえられている。

この四時五行の精神は、入っては人の五蔵神となり、出《い》でては四時五行の神精となる。

この五蔵神は人の姿をしており、画像として描きうるものであった。同様の表現は『老子河上公注《ろうしかじょうこうちゅう》』にもある。『老子』第六章の「谷神不死《こくしんふし》」の注釈として、

谷《こく》とは養うという意味である。人がよく神《しん》を養えば不死となる。神とは五蔵の神をいう。肝は魂を蔵し、肺は魄《はく》を蔵し、心は神を蔵し、腎は精を蔵し、脾は志を蔵している。五蔵がことごとく傷つけば五神は去ってしまう。

とのべられる。この注釈にもとづいて『老子』の「谷神不死」をよめば、「神を谷《やしな》わば死せ

ず（五蔵神を養えば不死となる）」となる。

これらの表現をみると、「気」・「精気」・「精神」・「神」が微妙につながっているのがわかる。「気」というぼんやりしたものが、いつのまにか姿をもち、具体的な神の形象となってあらわれてくるのである。

「神を養う」ためには、神々の画像をかかげ、瞑想によって体内の神々をたずねあるき、神々に話しかけたりする。これを「内観《ないかん》（体内をみる）」あるいは「存思《そんし》」・「存想《そんそう》（神々を想像する）」などとよぶ。体内から神々が出て行くことは死を意味する。そのため、神をたずねて神々が出て行かないようにひきとめ、また神々の力をつよめるのである。

体内神が人間の体をまもる善神だとすれば、「三尸《さんし》」は人の寿命をちぢめる悪神である。三尸は最初は虫だとされていた。後漢、王充《おうじゅう》の『論衡《ろんこう》』「商虫《しょうちゅう》」篇は、「人の腹のなかに三虫がいる」という。この虫は腸にくらいつくとされるが、体外にでれば「蛭《ひる》」だという。『列仙伝』にみえる朱璜《しゅこう》は悪性の腹病、毒瘕《どくか》を病んだ。道士の阮丘《げんきゅう》に相談すると、腹の「三《さん》屍《し》」をとりのぞけばよいという。そこで七種の薬物を調合した丸薬を、毎日九粒ずつ服用した。すると百日たって肝臓・脾臓のようなものを数斗（一斗は約二リットル）くだした。『抱朴子』「微旨《びし》」篇になると、もうすこしくわしく記されている。

体内に三尸がいる。そのすがたは無形であり、霊魂や鬼神のたぐいである。人を早死にさせたいとおもっている。早死にさせれば、この三尸は鬼となって、すきかってに遊びあるき、おそなえをたべることができるからである。

上尸。『玉函秘典』より

中尸。『玉函秘典』より

下尸。『玉函秘典』より

そこで三尸は、庚申《こうしん》の日に天にのぼって、人の寿命をつかさどる司命神《しめいしん》に人の過失を告げ口する。月の出ない夜には、竈神《そうしん》（カマドの神）もまた天にのぼって人の罪状をもうしあげる。多い場合には寿命が「紀《き》」だけ減る。「紀」とは三百日である。少ない場合は寿命が「算」だけ縮む。「算」とは三日である。

三尸は人を早死にさせる悪神なのである。三尸は上中下の三つの丹田にすむが、三尸が天にのぼらないよう、人々は庚申の日には眠らないで夜をすごした。これを「守庚申」という。これは日本にも伝わり、現在でも庚申待、庚申講として行われている。

## 儒教から生まれた房中術

さてさいごに、やはり「気」にかんする不老長生術である「房中術《ぼうちゅうじゅつ》」について紹介したい。「房中」ということばは本来、「部屋の中」という意味である。また、このことばで「閨房《けいぼう》」・「婦人」をさす。房中術とよばれたばあい、「閨房の中でおこなう術」ということで、男女交接の術をいう。

房中術は「精気」を問題にするが、その意味で、導引・行気といった「気」の流れにもとづく不老長生術の一つだといえる。『抱朴子』「極言《きょくげん》」はつぎのように説く。

> 草木薬の服用を知るだけで、房中の重要な術を知らなければ、長生きできる道理がない。

服薬だけでは長生できず、房中術の原理をわきまえていなければならないのである。

『漢書《かんじょ》』「藝文志《げいもんし》」という、漢代の書物の図書目録がある。ここの「方技略《ほうぎりゃく》」の「房中」に、房中術の書の名が八種類みえる。

『容成陰道《ようせいいんどう》』二十六巻。
『務成子《むせいし》』（堯の師）『陰道』三十六巻。
『堯舜《ぎょうしゅん》』（堯・舜は儒家の聖人天子）『陰道』二十三巻。
『湯《とう》・盤庚《ばんこう》』（湯は殷王朝の初代天子、盤庚は同十七代天子）『陰道』二十巻。
『天老《てんろう》』（黄帝の七輔の一人）雑子（雑多な諸子）『陰道』二十五巻。
『天一《てんいつ》』（天乙に同じ。湯王のこと）『陰道』二十四巻。
『黄帝』（上古の聖人天子）三王（夏の禹王・殷の湯王・周の文王）養陽方《ようようほう》』二十巻。
『三家』（三皇か。三皇は天皇・地皇・人皇ほか諸説あり）内房有子方』十七巻。

いずれも書名には人名を冠している。容成《ようせい》は、『列仙伝』で仙人とされる。この人物についてはあとでふれる。堯・舜は、儒家の説く理想的な古代の天子。湯王《とうおう》は、暴君である夏《か》の桀《けつ》王をたおして殷王朝をたてた名君。やはり儒家で理想とする人物である。

なぜか儒家の聖人たちの名前をつけたものがおおい。しかし、道徳的な思想というイメージのつよい儒家が、なぜ房中術とむすびつくのだろう。これは、

不孝に三あり。後《の》ち無きを大となす。(『孟子』離婁上)

といった儒教的道徳を大義名分としてもったからであろう。このことばは第一章でも紹介したが、儒教ではあとつぎのたえることを極度におそれた。あとつぎがないと、祖先の祭祀を絶やすことになる。そうならないように子供をもうけなければいけないのである。

**天子の義務**

『三家内房有子方《さんかないぼうゆうしほう》』の「有子方」は、「子有るの方《ほう》」である。つまり「子づくりの方法」という意味である。『養性延命録《ようせいえんめいろく》』には男の子をもうける方法を記す。

天老《てんろう》がこういう。……もし子をもとめようとするならば、女人の月経がおわったあと、一日、三日、五日をまち、うまく王相《おうそう》の日にあわせ、気が生じたあと、夜半ののち、精

をほどこせば子供ができてみな男である。かならず長寿で賢明となろう。王相の日というのは、春は甲《こう》、乙《おつ》の日、夏は丙《へい》、丁《てい》の日、秋は庚《こう》、辛《しん》の日、冬は壬《じん》、癸《き》の日をいう。

「王相」は陰陽家《いんようか》の語である。「王」は旺盛、「相」はそれにつぐ状態をいう。「王（旺）・相・休・囚・死」のうち、王相の日に事を行うとよい結果がえられるという。

あとつぎの男の子を得るための子づくり法が、房中術の発端であったのかもしれない。継嗣をのこすことは、天子にとっては常人以上に重要なことであった。そのことは、上記の房中八家に、古代の天子の名を冠した書物が多いことからもわかる。

『周礼《しゅらい》』「九嬪《きゅうひん》」につけられた後漢の鄭玄《じょうげん》の注釈にはこうある。

女御《じょご》八十一人、九夕《きゅうせき》に当たる。世婦《せいふ》二十七人、三夕に当たる。九嬪《きゅうひん》九人、一夕に当たる。三夫人《ふじん》、一夕に当たる。后《こう》、一夕に当たる。

天子には制度上、百二十一名の妻がおり、十五日間で一巡する。これは周代の制度とされているもので、実際とは一致しない。「後宮佳麗三千人」という言葉もあり、現実にはもっと多いこともあったであろう。女性が多ければ、子供の生まれる確率も高いと考えたのだろう。

天子にとって後嗣のないことは、ゆるされないことであった。その意味で、了づくりの方法を記し、そのうえに天子自身の長命をも保証する房中術の書は、天子にとって必要不可欠なものであった。「藝文志」に房中関係の書が著録される理由はそこにある。

房中関係の書に猥褻《わいせつ》さがともなうのは否定できないが、堯《ぎょう》・舜《しゅん》といった儒家の聖人に仮託することによって粉飾され、正当化されたのであろう。

**長寿をめざす術に**

「藝文志」の房中八家にみえる書物はすべて亡佚《ぼういつ》している。しかし、馬王堆《まおうたい》から「導引図《どういんず》」とともに『十問《じゅうもん》』・『合陰陽方《ごういんようほう》』・『雑禁方《ざつきんぼう》』・『天下至道談《てんかしどうだん》』といった房中術の書物が出土した。これらによって前漢の房中術の一端がうかがえるようになった。

馬王堆出土の、『胎産書』には子作りの方法が記されるが、房中術関連の書物には全く記されていない。この段階ですでに子づくりの方法と房中術は切り離され、房中術は純粋に長寿をめざす術としてかんがえられていたようである。『合陰陽方』にはつぎのように記されている。

まさに陰陽をあわせようとするやり方は、まず手をにぎり、腕の外側に出で肘のあたりをなで、腋にいたり、竈綱《そうこう》（鎖骨の上）にのぼり、領郷《りょうきょう》（首筋）にいたり、承《しょう》（拯）匡《きょう》（頭）をなで、あたまのまわりをくりかえしめぐり、缺盆《けつぼん》（鎖骨のへこんだところ）をくだり、醴津《れいしん》（乳首の渡し場）を船出して、勃海《ぼっかい》（へそを含めての腹部）の難所をしのぎきり、常山《じょうざん》（恥丘）にのぼり、玄門《げんもん》（陰門）に入り、交筋《こうきん》（ひなさき）を御し、（女性の）精気をのぼらせて吸えば、長生きして天地と寿命をひとしくすることができる。

体の部位をさすことばにわからないものがおおいが、なんとなく想像できるものもある。

「陰陽思想」によれば、男は「陽」であり、女は「陰」である。「房中術」は「陰陽」の二気の交会《こうかい》という原理によって、男女をとらえている。

そしてここでは「精神」とあらわされているが、「精気」を吸うことによって長寿をうるとされている。房中術も導引や行気とおなじく「気」の原理にもとづく長生法なのである。

房中術の効果としては、つぎのようなことが説かれている。

耳がよくきこえ目がよくみえる（『十問』・『天下至道談』）。皮膚につやがでる（『十問』・『合陰陽方』）。身体が軽くなる（『天下至道談』）。陰の気がますますつよくなり、年を延ばし寿をます（『天下至道談』）。安楽長寿（『十問』）。老人が壮年にかえり壮が衰えない（『天下至道談』）。身体はかたくつよく不死となる（『十問』）。

これは、服薬や導引・行気による長生法のめざすところと全く同じであり、「不死」ということばもみえる。仙人という語はみえないが、これを達成できた人は不老不死の仙人とよびうるものである。

**精気をおしむ**

『合陰陽方』にはまたつぎのようにしるされる。

十動。はじめは十回、次は二十、三十、四十、五十、六十、七十、八十、九十、百回出し入れしても、ほとばしらせてはいけない。ひとたび動いて出さなければ、耳はよくきこえ、目はよくみえるようになる。二たびで声がはっきりし、三たびで皮膚につやがでて、四たびで背骨とあばら骨がつよくなり、五たびで尻と脾臓《ひぞう》がしっかりし、六たびで体内の水のとおりみちが通じ、七たびでかたくてつよくなり、八たびで肌のキメがかがやき、九たびで神明に通じ、十たびで身は常《とこし》えのものとなる。

この部分は『十問』にも、曹熬《そうごう》が黄帝に説いたものとしてこうある。

八たびで放たなければ、寿命をながくでき、九たびで放たなければ、神明に通ず。曹熬の陰に接して神気をおさめる道である。

この考えかたは後世、『玉房秘訣《ぎょくぼうひけつ》』につたわった。そして日本の丹波康頼《たんばやすより》の撰した『医心方《いしんぼう》』（九八四年）にも紹介され、貝原益軒などにも影響をあたえている。

古来、禁欲をとく宗教はおおい。それらのおおくは、欲望は悪であると考えた。そして人間が欲望を超克し、昇華させることによって、たかい宗教的境地にいたることをめざしたのである。

ところが、房中術にはそういった精神的な禁欲主義はない。そこには精気をおしむという即物的な禁欲主義があるのみである。その理想は精気の蓄積にある。

赤ん坊は高ぶって、しばしば勃起するが、慎んで出し入れすることがない。……長寿は蓄積に生ず（『十問』）。

「行気」のところでみたように、『老子』は嬰児を理想とした。房中術もまた『老子』の理論を借り、嬰児が精気を放出しないことを理想の状態としたのである。

房中術は男女の交わりを否定せず、それを活用する。人は精気を消耗して死にいたる。ゆえに精気を放出せず、反対に女性から吸収するように努力するのである。これもようするに、ふつうの人間とは逆のことをおこなうという発想であろう。後世、道教の道士には修行によって、具体的にそれが可能なものもいたとされている。

『合陰陽方』は、「十動」のつぎに「十節《じっせつ》」をのせる。

一にいわく虎游《こゆう》（虎があるきまわる）。二にいわく蝉柎《せんぷ》（蝉がとまる）。三にいわく斥《せき》（尺蠖《かく》（しゃくとりむし）。四にいわく囷桷《きんかく》（のろのつの）。五にいわく蝗磔《こうたく》（いなごのはりつけ。モズの「はやにえ」のたぐいか?）。六にいわく爰《えん》（猨）拠《きょ》（さるがよりかかる）。七にいわく瞻《せん》諸《しょ》（ひきがえる）。八にいわく兎鶩《とぶ》（うさぎがはねる）。青令（蜻蛉）（とんぼ）。十にいわく魚嘬《さい》（さかながパクパクする）。

ここには動物の姿形などにもとづく体位がしるされている。これは導引の「五禽戯」を想起させる。ただし、導引は一人でおこなうが、房中術は二人でおこなう。

房中術の書のなかには、行気・導引ともとれるような表現が多いが、こういった姿形にもなんらかの意味があるのかもしれない。なお後世、『玄女経《げんじょきょう》』などには、さらにくわしい説明がつけられている。

**『老子』を利用する**

『十問』などの房中術の書には、『老子』を意識した語がおおくみえる。さきにみた『合陰陽方』の玄門や久視は、『老子』の語である。「玄門《げんもん》」は、

玄のまた玄、衆妙の門。（第一章）
玄牝《げんぴん》の門。（第六章）

としてあらわれる。『老子』においては、万物をうみだす道のはたらきを示すことばとしてもちいられている。「久視」は、

長生久視の道。（第五十九章）

としてみえる。「久視」は「いつまでもみる」という意味で、不老長生の意味である。ただし、このことばは、『老子』第五十九章の文脈のなかでは、国家の永久不変の存続について述べられており、個人の不老長生を説いたものではない。『十問』で彭祖が、

　人の気は竣精にしくはなし。


とのべる。これは『老子』第五十五章の語であり、嬰児の精気を称賛したものであった。そのほか、道・精・寿・聖人等々といった語は、いちいち指摘できないほど多くあらわれる。

　かつて加藤常賢は、『老子』第五十一章「道これを生じ、徳これを畜《やしな》い、物これに形す」を、

　道（擣、男性器）が出し、徳（竇、女性器）が養って、物形をあたえる。（『老子原義』）

老子。『歴代古人像賛』より

と解釈した。かれは『老子』を、すべてそういったふうに読みなおした。すべてをそのように理解することには無理がある。けれども『老子』はそのようにも読めるのである。

　前漢の房中術の書の作者もまた、同様に『老子』を理解したのであろう。そしてその書の理論的根拠として『老子』を利用したのである。

　『老子』には房中術につながる要素があった。けれども、『老子』自体は房中術の書ではない。な

ぜなら『老子』には、具体的な技術を説いたところがないからである。そこが、『合陰陽方』などの房中術の書と根本的に異なるところである。

### 仙人になった老子

房中術関係の書物の理論的根拠が、『老子』という書物であった。そのため、道家の哲人というイメージのつよかった老子という人物自体も、房中術とむすびつけられるようになった。『列仙伝』のなかでは、「老子」はつぎのようにしるされている。

老子は姓は李《り》、名は耳《じ》、字は伯陽《はくよう》、陳《ちん》の人である。殷の時代にうまれ、周国の図書や書記の官職である柱下史《ちゅうかし》となった。このんで精気を養い、接して施さないことをとうとんだ。そののち図書室の役人である守蔵史《しゅぞうし》となって、八十余年たった。『史記』には二百余年と記されている。当時の人々は隠君子とよんでいた。諡《おくりな》して聃《たん》という。

孔子が周国にやってきて老子に会い、聖人だと知って老子を師とした。そののち周国の国運が衰退したため、青牛の車にのって大秦《だいしん》（ローマ）にゆこうとして函谷関《かんこくかん》を通過した。関所の長官の尹喜《いんき》は待ちうけて老子を出向かえ、真人《しんじん》であることを知った。そこで、しいて書物を著わさせて『老子道徳経《ろうしどうとくきょう》』上下二巻をつくったのである。

『列仙伝』の老子伝は、基本的には『史記』「老子列伝」にもとづいて書かれている。だが、好んで精気を養い、接して施さざるをとうとぶ。

と、老子が房中術をおこなったとしるす。これは『史記』にはなかったものである。『列仙伝』の老子は、服薬も辟穀・導引・行気もおこなっていない。ゆえに老子が仙人となった理由としては房中術しかないのである。

『史記』「老子列伝」では、老子は仙人とはよばれていない。しかし「どこで生を終えたのかわからない」としるされ、また「おそらく老子は百六十余歳、あるいは二百余歳といわれる。道をおさめることによって寿を養ったのだ」と述べられている。

当時、すでに人としては、なみはずれた長寿者とされている。後世、老子が『列仙伝』や『神仙伝』で仙人とされたのは当然のことであった。

**老子の師、容成公**

容成公《ようせい》は『淮南子《えなんじ》』「脩務訓《しゅうむくん》」に、暦をはじめてつくった人物として記される。しかし、『列仙伝』には、「老子」の伝記の二つ前に「容成公」の伝記があり、老子と同様に房中術によって昇仙した仙人とされている。『列仙伝』にはつぎのようにみえる。

容成公は、みずから黄帝《こうてい》の師であると称して、周の穆王《ぼくおう》におめどおりした。補導《ほどう》のことをよくし、精を玄牝《げんぴん》にとった。その要点は、神を谷《やしな》えば不死となる。生を守って気を養う、というものであった。白髪が黒くなり、歯がぬけてまた生えてきた。事《こと》は老子とおなじである。また老子の師だともいわれている。

容成公は『漢書』藝文志、房中の『容成陰道《ようせいいんどう》』二十六巻の作者とされている。また『十問』や『後漢書《ごかんじょ》』の「方術《ほうじゅつ》」伝、それに『列子《れっし》』の「湯《とう》問《もん》」篇などにその名がみえる。それらの記事によって、房中術の大家として容成公は名を知られていたことがわかる。

『十問』や「列子」は、黄帝と容成公の問答を記す。そして『列仙伝』もまた、容成公は黄帝の師だという。しかし『列仙伝』においては、容成公と黄帝にかんしてはなんのエピソードもかたられない。また「周の穆王と会った」というのも、容成公の年代をひきさげて、周の柱下史とされる老子とむすびつけようとする作為のようにみえる。

「補導」は房中術の用語である。「精気を体内に導きいれ、体力を補う」という意味であろう。「精を玄牝にとる」と「神《しん》を谷《やしな》えば不死」とは、『老子』の語である。『列仙伝』の記述によれば本来、容成公が老子に影響をあたえて『老子』という書物ができあがったということになる。

けれども、そのようなことが事実であるはずがない。『列仙伝』は容成公の房中術を説明するために『老子』の語を借りているのである。そして『列仙伝』みずから容成公のことを「事は老子とおなじ」と述べているのである。

容成公。『列仙図賛』より

つまり、容成公のことを語るという体裁をとりながら、実質は老子を説明しているだけなのである。老子の師「容成公」とは、老子のすがたが投影されたものといえる。

おそらく、容成公については、房中術をおこなったというだけで、くわしい伝記が失われていたのであろう。そこで老子の記述にもとづいて、容成公の伝記を創作したのだとおもわれる。

『列仙伝』が房中術に関する仙人の伝記を記そうとしたとき、結局、老子という人物や書物を根拠とせざるをえなかった。それほど老子は房中術と関係がふかいようにみえたのである。

## 神になった老子

『抱朴子』においては、「老子」とよぶ場合と、「老君」という場合とがある。彭祖とともにあらわされた老子は「人」であった。しかし、「老君」といった場合は、すでに神である。

ただ老君の真形《しんけい》をおもいうかべるのだ。老君の真形があらわれれば、起ッて再拝する。老君の真形は姓は李、名は聃、字《あざな》は伯陽《はくよう》。身長は九尺（二百十八センチメートル）、黄色で鳥の喙《くちばし》をもっており、鼻がたかく眉がうつくしく長さ五寸（十二センチメートル）、耳は長さ七寸（十七センチメートル）、額に三本の理《すじ》があり上下につながり、足に八卦の模様がある。

神亀《しんき》をベッドとし、金楼玉堂、白銀で階段をつくり、五色の雲を衣として、天をつく冠をかぶり、鋒鋋《ほうせん》の剣をもつ。

黄童百二十人をしたがえ、左には十二青龍《せいりゅう》がおり、右には二十六白虎《びゃっこ》がいる。前には二十四朱雀《すざく》がいて、後には七十二玄武《げんぶ》がいる。先導するのは十二窮奇《きゅうき》、後にしたがうのは三十六辟邪《へきじゃ》、雷がとどろき電《いなびかり》がはしる。これは仙経にみえる。老君にあえば寿命が延びる。老君の心は日月のようであり、知らないことは何もない（「雑応」篇）

とみえる。「姓は李、名は聃、字は伯陽」とあり「老君」とは「老子」のことである。老君の形状等がこまかく記されるが、その要は「老君にあえば寿命が延びる」にある。

ここの老君は、悪鬼をおいはらう神である。老君や神獣が疫病をひきおこす悪鬼をおいはらった結果、無病息災となり、寿命が延びるのであろう。これはきわめて他力的な考え方である。そして服薬・導引・行気・辟穀・房中といった、いうなれば自力的な長生法とはあきらかに一線を画しているのである。

『抱朴子』では、老君の名は、老君入山符《ろうくんにゅうざんふ》・老君黄庭中胎四《ろうくんこうていちゅうたいし》十九《じゅうく》神秘符《しんぴふ》等々と「符《ふ》」にもつけられている。これも、道教の神としての老君の力をかりることを願ったものであろう。『列仙伝』では老子は房中術という昇仙術によって仙人となった。老子以外の仙人もなんらかの昇仙術でもって仙人となる例が多い。

ところが『抱朴子』においては、老子と房中術が切り離された。そのため、老子がなにによって昇仙したのかわからなくなってしまったのである。

これはなににもよらないで昇仙した。つまり生まれながらにして仙人であったということにつながる。生まれながらの仙人というのは神と紙一重であり、容易に神とされうるものであった。そこで「老子」は「老君」となりうるのである。

『魏書《ぎしょ》』「釈老志《しゃくろうし》」に説く老子、すなわち太上老君《たいじょうろうくん》はつぎのようにみえる。

太上老君がみずからいうことには、わたしは天地より先に生まれ、万物をたすけ……その教えは心身をきよらかにし、おこないをつみ、功をたて徳をかさね、善をまし白日《はくじつ》昇天《しょうてん》して世間で長生するのである。

ここには、道徳的で完全無欠な道教の最高神、老子の姿がえがかれるのみである。もちろん、房中術にはまったくふれられていないし、それを口にするのも、はばかられる雰囲気である。『抱朴子』以降の老子伝は、おおよそこういった流れのなかにある。

## 老子から彭祖へ

『列仙伝』以降も房中術関係の書のなかに、老子が登場しないというわけではない。しかし、老子以上にひんぱんに登場し、完全に老子にとってかわってしまったのが彭祖である。

老子と彭祖はしばしば連語化される。『抱朴子』には「彭祖・老子のごときは、ただ人中の数百歳なるのみ」（「勤求」篇）・「老彭の寿」（「論仙」篇）・「彭老の道」（「対俗」篇）等々と多数記されている。

この「老彭」という語がはじめてあらわれるのは、『論語』「述而」篇である。

述べて作らず、信じて古《いにしえ》を好む。竊《ひそ》かに我を老彭に比す（古人の語を祖述するだけで自分勝手に創作しない。それは、いにしえを信じ、いにしえを好んでいるからだ。そんなわたしは、ひそかに自身をそのようであった人物、老彭になぞらえているのである）。

この「老彭」には山ほど注釈がある。『史記』の老子伝には、孔子が老子のところに出向いて礼についてたずね、こっぴどくやりこめられた話がしるされている。これによれば、老子は孔子の先輩で実在した人物のようにみえる。昔の中国の学者の注釈は、ほとんどみなこの『史記』の記述を史実とみなし、それを根拠として議論を展開したのである。

しかし、現在、『老子』という書物は、『論語』よりものちの時代につくられたと考えられている。そして老子が孔子の先輩だという話も、老荘学派が孔子をおとしめるためにつくったでたらめだとされている。つまり老子という人物は架空の人物だとされ、老子が孔子の先輩だというのもありえない話だとされているのである。

だいたい「老子」という名前自体が不可思議である。孔子は姓が「孔」で、先生という意味の尊称の「子」がついて孔子。孟子の「孟」も姓。荀《じゅんし》子も荘子《そうじ》もみな姓に「子」がついたものである。老子の「老」だけが姓ではない。

もっとも後世、老子を根拠として「老」を姓とすることはある。『史記』では、「姓は李」などと、もっともらしいことがいわれている。それならば老子のことを「李子《りし》」とよんでもよさそうだが、老子を李子とよぶことはない。『史記』にみえる姓は李、字は伯陽のたぐいはみな後世のでたらめであろう。

『論語』以前の書物には、「老子」の名はみえない。「彭祖」は、あるいは殷の賢大夫であったかもしれないが、当時すでにどういう人物なのかはとんどわからなくなっていた。

むしろ『論語』の「老彭」こそが、老子や彭祖の出発点であったのかもしれない。儒家の聖人である孔子が熱烈に慕った人物はだれかと詮索するうちに、老子や彭祖の伝説がたとえば「孔子が老子に礼を問う」などと、具体性をもって生み出されてきたのかもしれない。

それならば老子と彭祖がしばしば連語化されて「老彭」とあらわされる理由も納得される。そもそものはじまりから「老彭」なのである。

『荘子』「逍遥遊《しょうようゆう》」篇の「釈文《しゃくもん》」はこういう。


『世本《せほん》』にいう、姓は籛《せん》、名は鏗《こう》。商《しょう》では守蔵史《しゅぞうし》となり、周では柱下史となった。年八百歳。一《いっ》にいうすなわち老子なり。

彭祖。『列仙図賛』より

さきにみたように老子は、『史記』「老子」列伝に「周の守蔵室の史」とされ、同「張丞相《ちょうじょうしょう》」列伝の『史記索隠《しきさくいん》』に「老子は周の柱下の史となる」とあり、『列仙伝』にも「柱下史」と記されている。老子と彭祖は官職までもが混同されている。老子と彭祖は双生児のようにそっくりである。

伝説のうえで、老子と彭祖が出会ったという話は、なぜかまったくない。どちらも相当に長生きであり、似たような官職についているのだから、別人だとすれば、出会わないのがむしろ不思議である。

「老彭」と並称されるのはその長寿のためだとされる。しかし、さきに述べたように、本来、老彭であったものが老子と彭祖に分かれ、『論語』という親から生みだされたとみれば理解しやすい。両者の伝記が混同され、あるいは同一人とされるのもそのためであろう。

老子から房中術的な要素が消し去られていったとき、その部分を継承したのは彭祖であった。老子の分身ともいえる彭祖がそうなることは、ごく自然ななりゆきであった。

後世、彭祖を主人公とする房中術の書が多くなるのは、老子、容成公の場合と反比例している感がある。現在、房中術といえばまっさきに彭祖を想起し、老子をイメージすることが少ないのはそのためであろう。

**精をめぐらし脳をおぎなう**

さて、房中術の書のなかの、彭祖の話を紹介してみよう。房中術はひとりではできない。黄帝に素女《そじょ》がおり、彭祖には采女《さいじょ》がいる。『養性延命録』「御女損益篇《ぎょじょそんえき》」にはこうある。

采女が彭祖にたずねてこういった。

「人は六十歳になれば精（精気）を閉ざし、一《いつ》を守ったほうがよいとのこと。まことにそうでしょうか」

彭祖はこたえた。

「そうではない。男は女を欲するものだ。女がなければ意《こころ》は動く、意が動けば精神がつかれる。精神がつかれれば寿命がそこなわれる。……陽物が垂れて弱々しいのに女を御そうと欲すれば、まず揺り動かしてつよく起たせ……、おもむろに接して陰の気をえる。陰の気がおよべば、たちまちにして強《こわ》ばる。強ばってからこれをもちい、つとめてゆっくりとおこなう。精が動きだせば、精を閉じ、息をゆるやかにして、瞑目し、導引する」

「揺動《ようどう》」は、導引の「熊経」にみえた語である。このあたりの記述によって行気・導引と房中術が同様の原理のもとにあることがわかる。

身体が回復すれば別の女を御すべきである。精が動こうとすれば女をかえる。女をかえると長生きすることができる。もし一女のみを御せば、陰の気はわずかなものとなり益がすくない。……

十二女子を御して洩らさなければ、老いても肌が美しく色つやがある。もし九十三女を御して洩らさなければ、年は万歳《ばんさい》となる。

およそ精がすくなければ病気となり、精がつきると死んでしまう。忍ばざるべからず。つつしまざるべからず。……

房中術は純粋に長生のための技術として説かれている。精、つまり精気を人間の活動の根本としてとらえるかぎり、房中術はひじょうに重要なものとして意識される。この「精」は循環させて脳にもたらされる。これを「還精補脳《かんせいほのう》（精をめぐらし脳をおぎなう）」という。『抱朴子』「釈滞」篇には、

房中の法は十余家ある……その大要は還精補脳の一事にある。

と記されている。還精補脳もまた房中術の重要な原理なのである。

**房中術をおこなった女仙**

房中術は男性の立場からかんがえられている。しかし、精気をとりいれるということをかんがえるならば、むしろ、女性のほうがおこないやすいものである。

『列仙伝』には、「女丸《じょがん》」という女性が、房中術をおこなって昇仙した話を記す。

女丸は陳《ちん》の市場で酒を売っていた婦人である。いつもうまい酒をつくっていた。たまたま仙人がその家にたちよって酒をのみ、『素書《そしょ》』五巻を酒代のかわりにあずけていった。女丸がその書物をひらいてみると養性交接《ようせいこうせつ》の術を記したものであった。

女丸はこっそり、その文の要所をうつしとった。そして閨房《けいぼう》をつくり、あまたの少年をひきいれた。美酒を飲ませてはともに宿泊し、書物に書いてある方法をおこなった。

このようにして三十年たったが、顔色は二十歳のときのようであった。仙人が数年後にまた立ちよって笑いながら女丸にいった。

「仙道を盗んでも師がなければ、羽があっても飛べんわのう」

そこで家を棄てて仙人を追って去り、行くところを知るなし、という。

『素書』は『隋書《ずいしょ》』「経籍志《けいせきし》」の『素女秘道経《そじょひどうきょう》』・『素女方《そじょほう》』といった房中術の書だろう。房中術の要は「精を愛《お》しむ」、つまり精の浪費をいましめ、精を蓄積すること、女性から陰の気を摂取すること、それを体にめぐらすことにあった。ただし、これは男性の立場からのものである。これを女性の立場からみれば、その要は、精をとりいれて陽の気を摂取することとなる。

その心得をもつ女性は、男性にとってかえって有害であるとされた。女神の西王母《せいおうぼ》は、陰を養って道を得たとされる。女丸も少年たちから精気を摂取したのであろう。房中術には相手が必要である。采女・素女など房中術関係の書に女性があらわれるのは当然である。ここの仙人は女丸が読むようにと、わざと『素書』五巻をあずけていった。それは女丸が自分の相手としてふさわしいとおもったからであろう。

以上、房中術もまた、不老不死の方法として重要なものと考えられたのである。

## おわりに

「僊」という観念は本米、「魂」の来世への昇仙とその永世を示したものであったようにおもわれる。それが秦の始皇帝のころに変化した。「僊」は、肉体をともなったこの世での永遠の生、すなわち、「不老不死」を具体化したものと考えられたのである。直接の契機は、方士たちが奇言邪説によって始皇をまどわしたことにあった。

しかし、当時、人と鬼、つまり、人が死ねばあの世に鬼となる、という古代の伝統的な死生観にかげりがさしていたことも事実である。

来世がかならずしも信じられないものなら、ゆけるかどうかわからない来世に期待をかけるより、この世にできるだけながらえるほうがよい。それもいつまでもわかわかしいほうがよい。そこに「不老」の観念がうまれた。それが「不死」の観念にゆきつくことは当然の帰結であった。

一度、死なねばならない「尸解仙」や仙人となり天にのぼることなどには、「魂」の昇仙の影響がのこっている。それにたいして、「服薬」・「導引」・「行気」・「辟穀」・「房中」などは本来、長生をめざす健康法であった。

それらは後世、「僊（仙）」とむすびつけられ、複雑にからみあうようになる。それらについてはすでに本文で紹介したとおりである。

本書は「肉体」の「不老不死」ということに着目して論をすすめたため、「精神の不老」についてはあまり言及できなかった。「肉体」が不死となっても「精神」が老いてしまえばこれはどうしようもないものである。

# あとがき

一九八五年から二年間、坂出祥伸先生を中心に「中国古代養生思想研究会」が組織された。その会に、平木康平先生のくちぞえにより、なんの実績もないわたしが参加できることになった。そのとき、かねてから興味をいだいていた『山海経』について、薬物の方面から考察することができた。

そのあと本田済先生と平木先生のご厚意により、『列仙伝』の訳注を手伝えることとなった。また神楽岡昌俊先生のすすめにより、八七年の「日本道教学会」において、『列仙伝』の仙薬について発表することができた。以後、『神農本草経』のなかにみえる初期の薬物や方士、本草等々について神仙思想の角度から考察をかさね現在にいたっている。

本書がなるにあたっては、これまで書きちらしてきたもろもろのつまらない論考が下敷きとなっている。神仙思想にかんしては、まだまだわからないことばかりであり、本書もおおくのあやまりをおかしているとおもわれる。諸賢のご批判をいただいて、すこしでも、ただしていければと考えている。

ここには、とくに名前をあげることができなかったが、本当におおくの方々に、いろいろとご教示、ご配慮をいただいた。またすでに鬼籍におられる恩師の日原利国先生には、あらためて謝意を表したい。それに学生諸君や留学生諸君には、教えることよりもおそわることのほうがおおかった。ここに感謝したい。

さいごになったが、わたしのようなものに執筆をすすめてくださった講談社学芸第一出版部の丸本忠之氏の勇気に敬意を表し、あわせて満腔の謝意を表したい。

一九九二年五月十一日

大形徹

# 霊芝再考――復刊によせて

旧作『不老不死』は一九九二年、初版である。第三刷を刷ったところで、そのタイトルの「不老不死」とは、うらはらに、わずか5年で絶版となってしまった。ところが、平林《ひらばやし》緑萌《もえぎ》氏の復活の呪文により、思いがけず、復刊されることとなった。まさに望外の喜びである。

平木康平先生と共著で『列仙伝』（角川書店）の翻訳と解説をし、仙人の故事を具体的に考察したことが、そもそものきっかけである。その後、わたしは神仙思想の研究を志し、旧作『不老不死』が生まれた。

当時の最新の研究を記したつもりであったが、自身の研究が進むにつれ、齟齬が生じてきた。とくに仙薬の代表ともいえる「芝《し》（霊芝《れいし》）」に関する考え方は旧作とは全く異なってしまった。一般にはキノコだと思われている。旧作でもキノコとして扱った。実際、漢方薬店ではキノコの霊芝が売られている。また成分の分析も行われていて、その薬効も確認されている。その意味で霊芝がキノコであることは誤りではない。

ところが、その由来を歴史的に考察すると「芝」や「芝草」は、どうも最初からキノコとはいえないのである。これは図像として、先秦時代に、はるかエジプトから伝わったもののようである。エジプトではロータス（睡蓮）が尊ばれた。その花は太陽が出ている昼間は開いているが、太陽が沈むと花を閉じ、あたかも眠るかのように水に潜る。それを三日ほど繰り返すのである。そのことが「死と再生」になぞらえられた。そのため睡蓮はミイラにも捧げられたのである。その「復活再生」をねがったのであろう。睡蓮の花の形は簡略化されて文様となった。美術史では「パルメット文様」と呼ばれるが、この花の文様は世界各地に広まっている。アロイス・リーグルは『美術様式論 装飾史の基本問題』（一八九三）で、このパルメット文様の広がりについて考察している。リーグルは文様自体が勝手に広まっていくと考えた。わたしは文様の背後には復活再生という宗教的な観念が潜んでおり、それが原動力となって広まったと考えている。

リーグルは「パルメット文様」の広がりに関し、中国についてはまったく言及していない。リーグルの書の中では中国は、ぽっかりと空白になっているのである。そのため、うっかりすると、中国には「パルメット文様」はまったく広まっていないように思ってしまう。しかし、画像石などの出土図像資料をみると、「パルメット文様」にしかみえない図像を大量に探し出すことができるのである。

画像石で「仙人（羽人）が手に持つ花」がまさにそうである。中国では、これを「芝《し》」や「芝《し》草《そう》」と説明している。これこそが「霊芝」であった。

パルメット文様

ひるがえって、文献の記述を見ても、漢武帝の元封二年六月に、「甘泉宮内中に芝《し》を産し、九茎、葉を連らぬ（『漢書』武帝紀）」とみえ、「芝」には「葉」があることがわかる。また、『金芝九茎、函徳殿の銅池の中に産す」（『漢書』成帝紀）は、「池の中」に生えている。「芝、靈華を成す（『漢書』礼楽志）」は、「華（花）が咲いた」

ことを述べる。『爾雅《じが》』の郭璞《かくはく》の注は「芝は一歳三華の瑞草《ずいそう》」とし、「一年に三回、華（花）が咲く」瑞草だという。「葉があり、花が咲き、池の中に生える」となれば、睡蓮に限りなく近い。そしてキノコとはほど遠い。

その後、『抱朴子』仙薬篇では、「芝」が「五芝《ごし》（石芝《せき》・木芝《もく》・草《そう》芝・肉芝《にく》・菌芝《きん》）」とされるようになる。この場合の「芝」は霊妙な薬を意味するのだろう。「肉芝」には、万歳の蟾蜍《ひきがえる》、千歳の蝙《こう》蝠《もり》などが記されており、はなはだあやしげである。その五種の「芝」のうちの一つが「菌芝」であるが、「菌」とはキノコのことである。現在のキノコの霊芝は、大きくみれば、この流れの中にあるといえる。

仙人の出発点は『不老不死』の本文でも述べたように「尸解仙《しかいせん》」である。これはいったん亡くなった人が仙人として復活再生するものである。つまり、仙人になるためには、一度、死ななければならないのである。要するに「死と再生」である。これは長生きして白髪の老人となり、そのまま仙人となるというような話ではない。白髪の老人、という時点で、「不老不死」の「不老」ではなく、仙人失格である。そもそも中国の絵に描かれた仙人の絵の大半は黒髪で、青年あるいは壮年である。「童子に反《かえ》る（『列仙伝』赤斧《せきふ》）」と子供にもどってしまった仙人もいる。

羽人と芝草

「死と再生」。エジプトの「ミイラ」とそれを助ける復活再生の象徴の「睡蓮」、その文様化である「パルメット」。同じ図式を「尸解仙」と「芝草（＝パルメット文様）」として描く事ができそうである。

その仮説を二〇〇六年の日本道教学会（大阪大学）の席上で発表したところ、三、四名が一斉に手を挙げ、質問するという事態となった。エジプトと中国は、あまりにも遠いため、その影響があるなどというのは、トンデモ論文だと思われたのである。

本来、復刊にあたり、説が変わったところは大きく加筆修正すべきなのかもしれない。けれども、それだと構成が大きくかわってしまうことになる。また、どこが変わったのかもわかりにくくなる。そのため、補説として、「中国・アジア研究論文データベース」から拙稿「中國の死生觀に外國の圖像が影響を與えた可能性について――馬王堆帛畫を例として https://spc.jst.go.jp/cad/literatures/3195」と『人文学論集』から「戦国楚帛画の舟よりみる復活再生観念の考察 http://doi.org/10.24729/00004349」を掲げておくことにした。これらは、いずれもリポジトリで読むことができる。後者は図版がカラーのため、見てよくわかるものとなっている。

旧版のあとがきに、「神仙思想にかんしては、まだまだわからないことばかりであり、本書もおおくのあやまりをおかしているとおもわれる。諸賢のご批判をいただいて、すこしでも、ただしていければと考えている」と書いた。はからずも、自ら一部、修正する事になったが、今回も同じ言葉をかかげて、江湖の諸賢のご批正をあおぎたい、と考えている。なお、校正には山本優紀子氏のお手を煩わせた。感謝したい。

庚子（二〇二〇年）九月九日　生駒山麓　半仙窟にて

大形徹

## 参考文献

本書の性格から、本文中には出典を明記していないものがおおい。そのため、以下に簡単に参考文献をあげることとした。ただし、日本語で読めるものを中心とし、論文類は省略している。


『石に刻まれた世界』　林巳奈夫　東方書店　一九九二
『医心方』房内　丹波康頼編（飯田吉郎ほか訓読）　至文堂　一九六七
『遺跡に浮かぶ古代風景』　山中　章ほか　旺文社　一九八八
『殷帝国』　中国古代の美術　藤田国雄　教養文庫　一九六二
『鬼の研究』　馬場あき子　筑摩文庫　一九八八
『カニバリズム論』　中野美代子　福武文庫　一九八七
『神なき時代』　森三樹三郎　講談社現代新書　一九七六
『漢唐古俗と明器土偶』　小林太市朗　一条書房　一九四七
『漢の武帝』　吉川幸次郎　岩波新書　一九四九
『漢民族の宗教』　渡邉欣雄　第一書房　一九九一
『韓愈』　清水茂　岩波書店　一九六七
『韓愈の生涯』　前野直彬　秋山書店　一九七六
『鬼神の解剖』　永澤要二　汲古書院　一九八五
『気・流れる身体』　石田秀実　平河出版社　一九八七
『金の雑学読本』　崎川範行　講談社ブルーバックス　一九八六

『金枝篇』フレーザー（永橋卓介訳）岩波文庫　一九五一
『薬』宮木高明　岩波新書　一九五七
『薬の文化誌』松井寿一　丸善ライブラリー　一九九一
『原色和漢薬図鑑』上・下　難波恒雄　保育社　一九七九
『崑崙山への昇仙』曽布川寛　中公新書　一九八一
『死後の世界』渡辺照光　岩波新書　一九六七
『シャーマニズムの人類学』佐々木宏幹　弘文堂　一九八四
『字統』白川静　平凡社　一九八四
『死の文化史』フィリップ・アリエス（福井憲彦訳）日本エディタースクール　一九九〇
『宗教学』小口偉一ほか　弘文堂　一九八一
『真誥』石井昌子　明徳出版社　一九九一
『信仰と技術の関係』佐中壮　皇学館大学出版　一九七五
津田左右吉全集十「神仙思想の研究」津田左右吉　岩波書店　一九六四
『新発現中国科学史資料の研究訳注篇』赤堀昭・山田慶児ほか　人文研　一九八五
『地獄変』澤田瑞穂　法蔵館　一九六八
『儒教とは何か』加地伸行　中公新書　一九九〇
『西王母と七夕伝承』小南一郎　平凡社　一九九一
清張通史3『カミと青銅の迷路』松本清張　講談社　一九七八
『世界の葬式』松涛弘道　新潮選書　一九九〇
『先史時代の宗教と芸術』A・ルロワ＝グーラン（蔵持不三也訳）
日本エディタースクール　一九八五
『前方後円墳の時代』近藤義郎　岩波新書　一九八三

「葬式のカタログ」現代思想9　J・パリーほか　青土社　一九八四
『荘子』内・外・雑篇　森三樹三郎　中公文庫　一九七四
『双梅景闇叢書』　葉徳輝編・序（伊吹浄訳）公論社　一九八二
『ゾロアスターの神秘思想』　岡田明憲　講談社現代新書　一九八八
『大地と呪術』（日本文化の歴史）　国分直一ほか　学研　一九八六
『中国医書本草考』　岡西為人　前田書店　一九七四
『中国の墓』　デ・ホロート（西脇常規訳）　龍雲舎　一九七六
『中国古代人の夢と死』　吉川忠夫　平凡社選書　一九八四
『中国古代の占法』　坂出祥伸　研文出版　一九九一
『中国古代養生思想の総合的研究』　坂出祥伸　平河出版社　一九八八
『中国仏教史』改訂版　道端良秀　法蔵館　一九六九
『中国宗教史研究』第一　宮川尚志　同朋舎　一九八三
『中国文化叢書』宗教　窪徳忠ほか　大修館　一九六七
『中国秦・兵馬桶』　江上波夫ほか　大阪二一世紀協会　一九八九
『中国人のトポス』　三浦國雄　中央公論社　一九七六
『中国青銅時代』　張光直（小南一郎・間瀬収芳訳）　平凡社　一九八九
『中国の古代文学（二）』　白川静　中央公論社　一九七六
『中国の仙人』　村上嘉実　サーラ叢書　一九五六
『中国の錬金術と医学』　N・セビン（中山茂・牛山輝代訳）　思索社　一九八五
『中国医学の気』　盧玉起・鄭洪新（堀池信夫ほか訳）　谷口書店　一九九〇
『中国古代銅鏡史』　孔祥星・劉一曼（高倉洋彰ほか訳）　中国書店　一九九二
『道教と中国文化』　葛兆光（坂出祥伸監訳・大形徹・戸崎哲彦・山本敏雄訳）　東方書店　一九九二

『朝鮮の道教』　車柱環（三浦國雄・野崎充彦訳）　人文書院　一九九〇
『朝鮮の鬼神』　朝鮮総督府　国書刊行会　一九七二
『東方宗教』１〜78　日本道教学会
『東洋錬金術』　近重真澄　内田老鶴圃　一九二九
『導引体要』　喜多村利且編（坂出祥伸・小林和彦訓注）　谷口書店　一九八六
『道教』　アンリ・マスペロ（川勝義雄訳）　平凡社　一九七八
『道教と不老長寿の医学』　吉元昭治　平河出版社　一九八九
『道教研究』１〜５　吉岡義豊・M・スワミエ編　豊島書房
『道教研究のすすめ』　秋月観暎　平河出版社　一九八六
『道教』１〜３　福井康順ほか　平河出版社　一九八三
『道教史』　窪徳忠　山川出版社　一九七七
『道教思想史研究』　福永光司　岩波書店　一九八七
『道教と養生思想』　坂出祥伸　ぺりかん社　一九九二
『道教の養性術』　アンリ・マスペロ（持田季未子訳）　せりか書房　一九八五
講座比較文化、日本人の価値観　小堀桂一郎（日本人の死生観ほか）　研究社　一九七六
『日本人の死生観』　吉野裕子　講談社現代新書　一九八二
『日本人の地獄と極楽』　五来重　人文書院　一九九一
『東と西の学者と工匠』　ジョゼフ・ニーダム（山田慶児訳）　河出書房新社　一九七四
『風水思想と東アジア』　渡邊欣雄　人文書院　一九九〇
『北京風俗大全』　羅信耀（藤井省三ほか訳）　平凡社　一九七三
『抱朴子・列仙伝・神仙伝等』　本田済・澤田瑞穂ほか　平凡社　一九七三
『抱朴子・列仙伝』　尾崎正治・平木康平・大形徹　角川書店　一九八八

『本草概説』　岡西為人　創元社　一九八二
『養性延命録』　麥谷邦夫・野間和則・武田時昌・奈良行博・坂内栄夫訳　紀書房　一九八七
『養生訓』　貝原益軒著、松田道雄訳　中公文庫　一九七七
『六朝道教史研究』　小林正美　創文社　一九九〇
『六朝史研究』宗教篇　宮川尚志　平楽寺書店　一九六四
『霊魂の博物誌』　碓井益雄　河出書房新社　一九八二
『霊魂の民俗学』　宮田登　日本エディタースクール　一九八九
『錬金術』仙術と科学の間　吉田光邦　中公新書　一九六三

## 大形徹

（おおがた　とおる）


1954年、兵庫県生まれ。1977年、大阪大学文学部中国哲学卒業。1982年、同大学院博士課程を単位取得満期退学し、大阪府立大学総合科学部助手に就任。その後、1988年に同大学専任講師、1992年に助教授、2005年に人間社会学部教授となる。2020年に定年退任、名誉教授。現在は立命館大学衣笠総合研究機構特別招聘研究教授。専門は中国哲学だが、その研究領域は狭義の中国哲学には収まらない。その風貌から、「半仙」とも呼ばれる。

［主著］単著に『魂のありか　中国古代の霊魂観』（角川選書）、『胎産書・雑禁方・天下至道談・合陰陽方・十問』（東方書店出土資料訳注叢書）。共著に『列仙伝』（角川書店）。共訳に葛兆光『道教と中国文化』（東方書店）。共編著に『講座道教3　道教の生命観と身体論』（雄山閣出版）、『道教的密教的辟邪呪物の調査・研究』（ビイング・ネット・プレス）がある。また、「急須の注ぎ口が象の鼻にもとづくかもしれないことについて」（『形の文化研究』5(1)）、「九州西部における隠れキリシタン後裔の花文化」（『人文学論集』30）、「鹿の角がもつ再生観念について」（『人文学論集』31）などユニークな論考が多いことでも知られる。


本書は、講談社現代新書より同名で刊行されたものを底本とした。
再刊にあたり、全編に軽微な修正を施したほか、新たにあとがきを書き下ろしで収録した。
なお、年表は節略した。

志学社選書

003

不老不死《ふろうふし》　仙人《せんにん》の誕生《たんじょう》と神仙術《しんせんじゅつ》

二〇二一年二月一九日　初版第一刷発行
二〇二二年七月二八日　初版第二刷発行

著者名　大形徹《おおがたとおる》　

発行者　平林《ひらばやし》　緑萌《もえぎ》・山田《やまだ》　崇仁《たかひと》
発行　合同会社　志学社
〒272−0032 千葉県市川市大洲4−9−2
電話　047−321−4577
https://shigakusha.jp/
編集　志学社選書編集部
編集担当　平林緑萌
編集協力　長《ちょう》　伸行《のぶゆき》
装幀　川名《かわな》　潤《じゅん》
印刷所　モリモト印刷株式会社



定価はカバーに表記しております。
Printed in Japan　ISBN978-4-909868-02-2　C0322

お問い合わせ　info@shigakusha.jp